# HOUSE OF PLANTS

# HOUSE OF PLANTS

**Mit Sukkulenten, Luftpflanzen und Kakteen leben**

Caro Langton & Rose Ray

**teNeues**

# INHALT

9    **DAS HAUS**

die Geschichte, die Menschen,
die Philosophie

17    **MIT PFLANZEN LEBEN**

19    **DIE EIGENEN PFLANZEN KENNEN**

Pflege von Kakteen, Sukkulenten,
Luftpflanzen & tropischen Pflanzen;
ein Terrarium anlegen

73    **PFLANZENPFLEGE**

selbst gemachte Töpfe,
Erdmischungen und Dünger

99    **PFLANZEN VERBREITEN**

Stecklinge, Teilung & Ableger

123    **DAS PFLANZENHAUS**

die perfekte Pflanze für den perfekten
Platz; DIY-Pflanzenampeln,
Miniaturgärten und Wandbehänge

201    **DIE GRÜNE COMMUNITY**

dekorieren, sich austauschen
und feiern

218    **INDEX**

222    **DANKSAGUNG**

# DAS

# HAUS

Jede Pflanze hat ihre eigene Geschichte.

*House of Plants* begann mit einem leeren Haus voller Erinnerungen – ein wahres Kleinod am Rande von Hampstead Heath im Norden Londons, das meiner Großmutter gehört hatte.

Als Rose und ich unverhofft in den Besitz des Gebäudes kamen, stellten wir fest, dass unser Erbe auch eine Sammlung alter Kakteen, Sukkulenten und tropischer Pflanzen umfasste. Das Grün hatte seinen Standort für sich eingenommen, seine Wurzeln schienen wie dort festgewachsen. Wie selbstverständlich beanspruchten die Pflanzen ungenutzte Flächen wie sonnige Fenstersimse oder dunkle Schlafzimmerecken. Bei näherer Betrachtung wurde uns jedoch allmählich klar, warum jede einzelne von ihnen scheinbar so mühelos überlebte.

Obwohl die Eltern von Rose und mir ein angeborenes Talent fürs Gärtnern hatten, kannten wir beide uns damit nicht besonders gut aus. Doch in der hintersten Ecke des Arbeitszimmers (mit tropischer William-Morris-Tapete) stießen wir auf eine Reihe von Gartenbüchern. Eifrig lasen wir alles, was es über unsere neuen grünen Freunde zu wissen galt. Das Wichtigste für uns war die Beobachtung, um die Sprache der Pflanzen so zu deuten, dass wir jeder einzelnen von ihnen die geeignete Pflege zukommen lassen konnten. Mit wachsendem Selbstvertrauen wollten wir der Familie neue Sorten hinzufügen, darunter luftreinigende Palmen und Luftpflanzen, die jeglicher Schwerkraft trotzen. Manche gediehen, andere nicht. Bald lernten wir, welche Pflanzen sich am besten in einem bestimmten Raumklima entwickeln.

Als das Haus mit seiner eigenartigen, doch wunderbaren Mischung aufblühender Pflanzen zu atmen begann, fingen wir an, mit neuen und ungewöhnlichen Gefäßen für ihre Unterbringung zu experimentieren. Da Rose die Kreativität in Person ist, modellierte sie Betontöpfe, schnitt Glas zurecht und bepflanzte Terrarien mit tropischem Grünzeug. Versteckt unter einer Hülle englischen Efeus, entwickelte sich unser Gewächshaus zu einem Mosaik aus angesammelten Gegenständen, zu einem glitzernden Meer aus antiken Glasgefäßen und angeschlagenen Kästchen mit Edelsteinen. Umgeben von einem Gewirr aus Lötkolben und Teetassen brachte Rose jeden Tag etwas Neues zum Vorschein. Blitzschnell griff ich dann zur Kamera und stellte die Schnappschüsse ins Netz. Gemeinsam experimentierten wir mit Metallen und Kupferrohrstücken und schufen geometrische Formen, um daran unsere heiß geliebten Luftpflanzen aufzuhängen.

Schließlich verkauften wir eine Auswahl ausgefallener Gegenstände und Pflanzen auf dem Broadway Market im Osten Londons und hofften, so unsere Begeisterung mit anderen zu teilen. Seit diesem ersten sonnigen Samstag empfinden wir eine tiefe Verbundenheit mit den Menschen aus den verschiedensten Gesellschaftsschichten, die wir dort getroffen haben. Die Pflanzen, die wir aufgezogen hatten, verbanden uns auf ungeahnte Weise mit Fremden. Plötzlich fühlten wir uns in der Welt der Botanik zu Hause. Ermutigt durch unsere Kunden boten wir Workshops an, richteten Ladenlokale ein, dekorierten Hochzeiten und gestalteten dekorative Produkte für private Indoor-Grünoasen. Unser eigenes Unternehmen war geboren und wir nannten es RoCo.

# DIE GESCHICHTE

Als Kind war ich fasziniert von Geschichten, die in fernen Ländern spielten. Ich war viel im Freien und stellte mir vor, wie die Helden aus meinen Büchern glücklich inmitten der Pflanzenwelt meiner Mutter lebten. Unser Garten war ein wildes, sattgrünes und ungezähmtes Stück Land, und die Zimmerpflanzen waren genauso wild und unbekümmert: Hier und dort standen sie in den Räumen, zwischen Stapeln von Büchern, und holten die grüne Landschaft, die mich umgab, nach Drinnen.

Meine Eltern hatten einen älteren Gärtner. Man sah ihn zwar nur selten, aber er gab sein Bestes, um den Wildwuchs in den Griff zu bekommen. Er schlug neue Wege in dem hüfthohen Gras, die meine Schwester und ich nach der Schule erobern konnten. Ich erinnere mich noch, als wir das erste Mal den riesigen Chilenischen Rhabarber entdeckten, der in einem feuchten Beet ganz hinten im Garten spross, und mit den Händen über die ledrigen Blätter strichen, jedes von ihnen so groß wie ein Regenschirm. Im Herbst wurde er zurückgeschnitten und abgedeckt, doch im Frühjahr erwachte er wie von Zauberhand zu neuem Leben. Wir krochen dann unter sein Blätterdach und tauchten in unserem Versteck ein in die Fantasiewelt unserer Kindheit.

Schnittblumen können natürlich sehr schön sein, doch für mich hatten sie im Haus immer etwas Unnatürliches. Für kurze Zeit wurden sie zu einem Strauß zusammengezwängt, nur um dann klammheimlich entsorgt zu werden. Ihre hängenden Köpfe warfen auf dem Weg zur Mülltonne alle Blätter ab. Pflanzen im Haus bedeuten für mich dagegen Lebendigkeit, Atmen, Veränderung, aufsprießendes Leben und Wachstum. Ich fühle mich mit Zimmerpflanzen in einer Weise verbunden, wie ich es niemals mit einem Blumenstrauß sein könnte.

Meine erste Erfahrung mit tropischen Pflanzen hatte ich in der Schule. Sie lag neben einem botanischen Garten, und als wir alt genug waren, durften wir jeden Tag eine Stunde lang Zuflucht unter dem Dach des tropischen Gewächshauses suchen. Der Gesang der Vögel war hinreißend, doch die hohe Luftfeuchtigkeit brachte uns in unserer Polyester-Schuluniform inmitten der riesigen Paradiesvogelpflanzen ins Schwitzen.

Als ich viel später im Haus meiner Großmutter im Norden Londons lebte, verliebte ich mich in ihre Kakteen- und Sukkulentensammlung. Jede stand bildschön an ihrem Platz. Meine Großmutter hatte einen speziellen Sinn für Humor. Besonders gerne erinnere ich mich an ihr flauschiges Greisenhaupt, das sie liebevoll „Hairy Dick" nannte. Jeden Monat drehten wir den Kaktus um, damit er bloß gerade wuchs. In einem Jahr blühte er ganz stolz in Pink, und wir machten daraus ein großes Fest. Großmutter gelang es, an jedem angeschlagenen Nippes oder ausgedienten Küchenutensil noch dessen Schönheit zu erkennen. Genauso entspannt ging sie auch mit Zimmerpflanzen um: Eilig arrangierte Gartenblumen mischten sich unter die Töpfe mit tropischen Pflanzen und Sukkulenten. Angefangen mit dem himmlischen Drachenbaum, der im Flur bis zur Decke reichte, bis zu einer alten Grünlilie, die selbstbewusst neue Ableger im Flur vor meinem Schlafzimmer ausbreitete, waren ihre Pflanzen Ausdruck ihrer besonnenen und kreativen Art.

Durch sie lernte ich die Schönheit der Improvisation schätzen.

In einem anderen ländlichen Teil Englands erlebte Rose eine ähnliche von Pflanzen umgebene Jugend, verbunden mit Familienausflügen ins Grüne. Ihre Mutter war ausgebildete Gartenarchitektin und ermutigte Rose, so viel wie möglich im Freien zu sein, sei es in den Wäldern rund um den kleinen Bauernhof, wo sie lebten, oder in den Klostergärten von Tresco auf den Scilly-Inseln, wo sie ihre Ferien verbrachten.

Zu Hause sammelte sie Naturmaterialien, und von den Ausflügen ihrer Kindheit kam sie mit Taschen voller Eicheln, Flechten, Skelettblättern und angeschlagenen Kieseln zurück, die sie unter einem alten Lorbeerbaum arrangierte. Eines Tages durchstreifte sie den nahe gelegenen Haleacre-Wald und fand ein altes Tagebuch unter den Herbstblättern. Unter diesen Bäumen hatte sein Besitzer viele Jahre zuvor Trost gefunden und dem Tagebuch seine Geheimnisse anvertraut. Unvergesslich waren für Rose auch die unterschiedlichen Gerüche der Jahreszeiten: Der Duft von Kiefern, moderndem Laub, Heu, Butterblumen und frisch geschnittenen Brennnesseln blieb ihr noch Jahre nachdem sie ihr Elternhaus verlassen hatte, im Gedächtnis.

Roses Fantasie war geweckt, als sie begann, Dinge auf ungewöhnliche Weise neu zu arrangieren. Auf einem Flohmarkt entdeckte sie ein antikes Schmalfilmobjektiv. Sie war fasziniert von der Form, mehr jedoch davon, wie dem gekrümmten Glas ein überirdischer Schimmer anhaftete. Sie zerlegte es und arrangierte darin einige vom Meer abgewetzte Feuersteine, Pyrit, Quarz und getrocknete Flechten. Damit wollte sie das Wesen der Landschaft in dem seiner Ursprungsfunktion beraubten Gegenstand einfangen. Rose nahm bald eine Arbeit als Bühnenbildnerin an und fand so neue Möglichkeiten, mit ihrer Zusammenstellung aus den unterschiedlichsten Elementen still und leise eine einzigartige Geschichte zu erzählen. Jedes Detail war wichtig und allmählich lernte sie, Innenräume umzugestalten. In der Hoffnung, aus dieser Begeisterung einen Lebensstil zu erschaffen, suchte sie nach Möglichkeiten, Dinge zu kreieren, mit denen sich andere Leute gerne umgeben würden. Die Antwort kam, als sie den Mission District in San Francisco besuchte, wo sie sogleich die Symbiose aus Natur und Stadtleben dieser Gegend in sich aufnahm.

Die Vielfalt der ungewöhnlichen Flora war überwältigend: Schaufenster quollen über vor sonnengetränkten Sukkulenten, und Hauseingänge waren von schattenspendendem tropischen Grün umrahmt. Von riesigen Kübelpflanzen bis hin zu wiederverwendeten Terrarien in geschützten Ecken schien die Liebe der Stadt zu Pflanzen (und die Wohlfühlatmosphäre, die von ihnen ausging) von den bonbonfarbenen Straßen der Viertel abzustrahlen.

Voller Pläne kehrte Rose nach Hause zurück und kaufte exotische Gewächse, die mit ein bisschen Hege und Pflege bei jedem Pflanzenliebhaber gedeihen würden. Da wir beide nach dem Mantra „mehr Grün" lebten, war auch ich bald angesteckt. Fortan wollten wir möglichst viele Ecken und Nischen mit ungewöhnlichen und wundervollen Gewächsen beleben.

# DIE
# PHILOSOPHIE

*„Die Hand hat etwas so Grundlegendes, so Natürliches an sich, dass der Drang, ihre Stärke zu nutzen, stets fühlbar ist. "* – **YANAGI SOETSU**

Wir beide kommen aus gestalterischen Berufen. Somit bestand ein Großteil unseres Weges darin, Produkte zu er- oder beschaffen, die unseren Pflanzen dienlich sind. Das Gewicht eines handgetöpferten Keramiktopfes zu fühlen und bei jeder Drehung die Spuren wahrzunehmen, die der Töpfer auf seiner Oberfläche hinterlassen hat, bedeutet, sich mit der Freude des Schaffensprozesses verbunden zu fühlen. Kauft man hingegen einen Kunststoffübertopf in einem Gartencenter, entsteht keine besondere Bindung. Die Schönheit eines handgemachten Gegenstands liegt nicht nur in seiner einzigartigen Qualität oder Beschaffenheit, sondern in dessen individueller Entstehungsgeschichte. Wir halten dies für die magische Formel, die jedem Produkt Authentizität verleiht.

Wir merken zunehmend, dass Menschen Erfüllung und Stolz gegenüber Gegenständen und persönlichen Besitztümern empfinden, die mit Sorgfalt hergestellt und ausgewählt wurden. Unsere Gesellschaft sucht offensichtlich aktiv nach Möglichkeiten, sich praktische Fähigkeiten anzueignen, die eine bewusstere Lebenseinstellung widerspiegeln, sie schätzen zu lernen und übermäßigen Konsum einzudämmen. Vielleicht kann Experimentierfreude und das damit verbundene Erfolgserlebnis mit der Zeit die Kluft zwischen dem Hersteller und dem Verbraucher schließen.

Es herrscht die weitverbreitete Ansicht, dass ein Designer seinen Arbeitsprozess aus Angst vor Nachahmern nicht preisgeben sollte. Wir haben festgestellt, dass das Gegenteil der Fall ist und sind froh, sagen zu können, dass uns Kunden, Freunde und andere Designer Tag für Tag inspiriert haben. So sind einige der besten Ideen aus Gesprächen oder Vorschlägen von Leuten entstanden, mit denen wir seit dem Beginn unserer Geschäftstätigkeit gesprochen haben. Einfach dadurch, dass wir fremde Menschen um Rat gefragt oder ihnen von unseren Ideen erzählt haben.

In diesem Buch finden Sie immer wieder Anleitungen zum **SELBER | MACHEN**, in denen wir unsere Lieblingstipps mit Ihnen teilen, wie etwa die Makramee-Pflanzampel (S. 135), das tropische Glasterrarium (S. 67) oder die Anleitung für einen leichtgewichtigen Betonübertopf (S. 79). Die Projekte sind einfach, preisgünstig und enthalten praktische Tipps für die optimale Gestaltung des Wohnraums oder zeigen ungewöhnliche Standorte für Ihre Lieblingspflanzen auf. Betrachten Sie sie als Grundlage und experimentieren Sie mit den Dingen nach eigenem Gusto.

Wir hoffen, dass Sie die Zeit finden, um Ihr Zuhause mit Freude an den kleinen Dingen in ein „Pflanzenhaus" zu verwandeln. Und wir hoffen ebenso, dass Sie die gleiche Erfüllung in nachhaltigem Design finden, wie wir sie auf unserer Reise erfahren haben.

# MIT PFLANZEN LEBEN

*Ein Heim ist eine Zuflucht: eine vertraute Umgebung, ein geschützter Ort, an dem es Licht und Schatten gibt, ein einzigartiger Ausdruck unserer Persönlichkeit.*

Ich lernte Rose im letzten Studienjahr an der Uni kennen. Unser Leben war hektisch und spontan, und ehrlich gesagt hatten wir wenig Zeit und Geld für Zimmerpflanzen. Das „Grün" beschränkte sich auf halbleere Geschirrspülflaschen und die schimmeligen Badezimmerdecken in heruntergekommenen Mietshäusern. Es gab eine Kluft zwischen einem „Zuhause" und dem, wo wir wohnten. Doch das machte das Studentenleben auch so befreiend. Erst als wir nach London in eine andere kleine Wohnung zogen – dieses Mal jedoch mit mehr Stabilität und ein bisschen Geld für die Einrichtung –, schufen wir ein echtes Zuhause, das uns etwas bedeutete. Für uns beide bedeutete das mehr Grün.

Allerdings ermöglicht das Stadtleben nicht immer eine gezielte Einrichtung mit Pflanzen. Wenn sie von einer Mietwohnung in die nächste ziehen (wo es oft noch nicht mal einen Küchentisch gibt, geschweige denn einen Platz zum Umtopfen), erzählen uns viele Kunden, dass sie gerne mehr Grün in der Wohnung hätten, jedoch einfach keinen Platz dafür haben. Unserer Ansicht nach hat das Wohlgefühl eines Lebens mit Zimmerpflanzen auch mit ihrer Pflegeleichtigkeit zu tun. An einem bescheidenen Kaktus kann man sich ebenso erfreuen wie an einem Wintergarten voll mit anspruchsvollen Tropengewächsen. Vor diesem Hintergrund haben wir alle möglichen Sorten ausgesucht, die unter sehr verschiedenen Bedingungen gedeihen, sowohl auf dem sonnenbeschienenen Fenstersims wie auf dem dunklen Bücherregal.

Viele unserer Freunde sind oft in der Welt unterwegs und entsprechend zurückhaltend, wenn es um Pflanzen geht, da sie keine Sorge für die nötige Pflege tragen können. In diesem Buch beschreiben wir daher besonders pflegeleichte Sorten, die wir auf unserer Reise entdeckt haben.

*Von der in Wäldern heimischen Tillandsie, die wir für unsere erste Schaufensterdekoration verwendeten, bis zu den luftreinigenden tropischen Pflanzen, die uns nähren, wenn wir sie nähren, haben wir ausschließlich einfach zu beschaffende und unverwüstliche Pflanzen gewählt.*

Egal, wo Sie wohnen, dürfte es unserer Ansicht nach nicht allzu schwierig sein, sich mit ein wenig Grün zu umgeben. Setzen Sie sich ein bisschen mit den Grundbedürfnissen der für das eigene Heim bevorzugten Pflanzen auseinander. Wenn Sie dann bei sich zu Hause die Pflanzen möglichst problemlos wachsen und gedeihen lassen, werden Sie hoffentlich die gleiche Erfüllung verspüren, wie wir sie hatten.

# DIE EIGENEN PFLANZEN KENNEN

*Kakteen, Sukkulenten, Luftpflanzen,*
*tropische Pflanzen & ihre Bedürfnisse*

So wie wir unverhofft zu einem Haus voller Pflanzen gekommen sind, kommen Ihre Zimmerpflanzen wahrscheinlich auch zu Ihnen, wenn Sie am wenigsten damit rechnen: als Geschenk oder spontan beim Bummeln auf dem Markt. Bei diesen Überraschungskäufen handelt es sich um Pflanzen, in die wir uns auf der Stelle verlieben. Denn sie wurden ausschließlich wegen ihres unwiderstehlichen Charmes gewählt oder uns mit Liebe überreicht. Erst zu Hause werden Sie über den besten Platz und die optimalen Pflegebedingungen nachdenken.

Glücklicherweise sind die meisten Zimmerpflanzen sehr anpassungsfähig. Wenn sie nicht gerade extremen Bedingungen ausgesetzt werden, geben sie Ihnen klare Warnhinweise, dass sie unglücklich sind. Oft meinen wir es mit unseren Pflanzen auch zu gut, und der häufigste Grund für ihr Absterben ist tragischerweise die Überwässerung.

In diesem Kapitel sollen Sie sich mit den verschiedenen Pflanzenfamilien für Innenräume vertraut machen und Anzeichen erkennen, die auf eine baldige Blüte oder das bevorstehende Absterben hinweisen. Wir haben versucht, auf viele Fragen unserer Kunden einzugehen, etwa wie viel Licht sie brauchen, wann man am besten gießen sollte, und was man mit einer welkenden Pflanze machen sollte. Sobald Sie sich mit der Herkunft, den Eigenschaften und den Wachstumszeiten der einzelnen Pflanzenfamilien vertraut gemacht haben sowie den richtigen Standort für die Pflanzen Ihrer Wahl gefunden haben, wird ihre Pflege für Sie zur Selbstverständlichkeit.

# ÜBERSICHT DER PFLANZEN

Affenschwanz
*Hildewintera coladenmononis S. 188, S. 191*

Arekapalme
*Dypsis lutescens S. 57, S. 141, S. 165*

Avocado
*Persea americana S. 120*

Belmore-Kentiapalme
*Howea belmoreana S. 141*

Bogenhanf
*Sansevieria trifasciata S. 57, S. 102, S. 111,
S. 178, S. 183*

Bulbosa
*Tillandsia bulbosa S. 51, S. 173*

Butzii
*Tillandsia butzii S. 46, S. 51, S. 173*

Caput-medusae
*Tillandsia caput-medusae S. 51, S. 171, S. 202*

Chinesischer Geldbaum
*Pilea peperomioides S. 57, S. 133*

Dreieckiger Frauenhaarfarn
*Adiantum raddianum S. 68, S. 129*

Echeveria setosa
*Echeveria setosa S. 102, S. 154, S. 157*

Efeutute
*Epipremnum aureum S. 106, S. 127*

Eingehüllte Kanonierblume
*Pilea involucrata S. 68*

Erbsenpflanze
*Senecio rowleyanus S. 167*

Fensterblatt
*Monstera deliciosa S. 106, S. 147, S. 162, S. 165*

Friedenslilie
*Spathiphyllum wallisii S. 57, S. 183*

Geigenfeige
*Ficus lyrata S. 143, S. 165*

Geldbaum
*Crassula ovata S. 106, S. 111, S. 153, S. 197*

Glücksfeder
*Zamioculcas zamiifolia S. 181*

Greisenhaupt
*Cephalocereus senilis S. 199*

Grünlilie
*Chlorophytum comosum S. 57, S. 147, S. 183*

Gummibaum
*Ficus elastica S. 58, S. 143, S. 165, S. 181*

Kletterfeige
*Ficus pumila S. 58*

Kriech-Steinbrech
*Saxifraga stolonifera S. 68*

Lanzenrosette
*Aechmea fasciata S. 84, S. 192*

Oaxacana
*Tillandsia oaxacana S. 51, S. 205*

Oxalis
*Oxalis triangularis S. 111, S. 144*

Pellefarn
*Pellaea rotundifolia S. 68*

Punktblatt
*Hypoestes phyllostachya S. 68*

Sägeblattkaktus
*Epiphyllum anguliger S. 29, S. 184*

Schlangen-Fetthenne
*Sedum morganianum S. 195, S. 197*

Schusterpalme
*Aspidistra elatior S. 57, S. 111, S. 124, S. 130,
S. 183*

Spanisches Moos
*Tillandsia usneoides S. 45, S. 51, S. 207*

Tillandsia ionantha
*Tillandsia ionantha S. 46, S. 51*

Tillandsia plagiotropica
*Tillandsia plagiotropica S. 205*

Vietnamesische Kanonierblume
*Pilea cadierei S. 68, S. 133*

Xerographica
*Tillandsia xerographica S. 46, S. 51, S. 202*

Zierspargel
*Asparagus setaceus S. 129*

# NÜTZLICHE BEGRIFFE

### AKTIVKOHLE

Zerstoßene Holzkohle, die Giftstoffe aus dem Wasser herausfiltert. Verhindert Bakterienbildung in Pflanzgefäßen

### AKTIVE WACHSTUMSPERIODE

Periode, in der die Pflanze neue Blätter und Blüten bildet, in der Regel von Frühjahr bis Spätsommer

### AREOLE

Einzigartiges Organ aus der Familie der Kakteen, das Dornen, Blüten und Ableger bildet

### KOKOSFASERN

Faserartiges absorbierendes Material aus der inneren Fruchtwand der Kokosnuss. Fördert als Beigabe zur Erde die Feuchtigkeitsspeicherung

### AUFSITZERPFLANZE

Eine Pflanze, die ihre Wurzeln an den Stamm anderer Pflanzen oder Bäume anheftet

### FAMILIE

Eine Gruppe von Pflanzen, die eine oder mehrere Gattungen umfasst, z. B. Crassulceae (Dickblattgewächse)

### GATTUNG

Klassifizierung von Pflanzen innerhalb einer Familie, wobei jede Gattung eine oder mehrere Sorten umfasst, z. B. Echeverien

### ABLEGER

Eine neue Pflanze, die die Mutterpflanze häufig an ihrer Wurzel bildet; wird zur Vermehrung entfernt

### PERLIT

Ein Leichtmaterial aus aufgeblähtem Vulkanglas, das die Drainage fördert

### QUETSCHEN

Eine Methode des Kürzens von Stängeln mit Finger und Daumen, um weiter unten neues Wachstum anzuregen

### RUHEPERIODE

Zeitraum zwischen dem Ende des Sommers und dem Beginn des Frühjahrs, in dem die Pflanze inaktiv ist und das Wachstum einstellt

### GESTEINSSTAUB

Fein gemahlener Vulkanstein mit hohem Gehalt an Mineralien und Spurenelementen. Gesundheitsfördernde Erdbeigabe

### SORTEN

Eine Reihe von Pflanzen mit ähnlichen Eigenschaften innerhalb derselben Gattung, lassen sich kreuzen, z. B. *Echeveria elegans*

### TERRARIUM

Vollständig oder teilweise verschlossener transparenter Behälter für Pflanzen

### TOPDRESSING

Das Auftragen einer frischen oberen Erdschicht bei Topfpflanzen; Alternative zum Umtopfen der gesamten Pflanze

### PANASCHIERT

Blumen oder Blätter mit ungewöhnlichem Muster aus verschiedenen Farben oder Zeichnungen

### VERMICULIT

Mineral, das die Drainage fördert und Nährstoffe und Feuchtigkeit in der Erde speichert

### WURMAUSSCHEIDUNG

Anreichernde Form organischen Düngers aus (sehr nährstoffreicher) Wurmausscheidung

# PFLANZEN SOLLEN SICH WOHLFÜHLEN

Sie möchten sicherlich, dass sich Ihre Pflanzen wohlfühlen und bei Ihnen zumindest ähnliche Bedingungen wie in ihrem natürlichen Lebensraum vorfinden. Viele Sorten tropischer Pflanzen sind überall erhältlich, sodass man leicht ihre Bedürfnisse vergisst. Man ist oft einfach nur fasziniert von der Schönheit der zarten Stängel und der bunten Blätter. Pflanzen rufen Emotionen hervor. Doch obwohl man der Idee, eine Mitbewohnerin mit exotischem Blattwerk nach Hause zu tragen, nur schwer widerstehen kann, wäre es ernüchternd, sie nur wenige Wochen später mit hängenden Köpfen und verwelkt entsorgen zu müssen.

Nehmen Sie sich einen Moment Zeit, einen beliebigen Raum Ihrer Wohnung zu betrachten: Schauen Sie sich an, wie das Licht einfällt, wo die Wärmequellen und Schattenplätze sind und finden Sie heraus, ob von einem Fenster oder einer Tür Zugluft ausgeht. Achten Sie auf Geräte wie Heizkörper und Öfen, denn diese bewirken plötzliche Temperatur- und Feuchtigkeitsveränderungen im Raum. Wiederholen Sie das Ganze später am Tag, denn dann haben sich die Verhältnisse mitunter erheblich geändert.

Am richtigen Platz ist eine Pflanze ein Hingucker, strahlt Atmosphäre aus und gedeiht mit der nötigen Portion Zuwendung. Deshalb sollten Sie bei der Entscheidung für eine bestimmte Pflanze zuerst überlegen, ob Sie bei Ihnen zu Hause und Ihrem Terminkalender gut überleben kann.

Bei den meisten Pflanzen dieses Buches gilt das größte Augenmerk den Elementen Licht und Bewässerung. So bleiben Sukkulenten zum Beispiel unter direkter Sonneneinstrahlung gesund. Hat man nur wenig Tageslicht, sollte man auf diese Arten eher verzichten. Tropische Pflanzen müssen normalerweise einmal in der Woche gegossen werden, im Sommer manchmal auch öfter. Damit sind sie für Menschen, die viel auf Reisen sind, eher ungeeignet (dazu zählt auch der Gummibaum *Ficus elastica*, Foto rechte Seite und S. 143). Hinweise, wie tropische Pflanzen während Ihres Urlaubs überleben, lesen Sie auf Seite 62.

Auch wenn unter unseren Kunden Erstkäufer und pflanzenerfahrene Menschen sind, so bevorzugen anscheinend die meisten „pflegeleichte" Pflanzen für ihr Heim, die auch zu ihrem vollen Terminkalender passen. Das haben wir beherzigt und in diesem Buch eine Auswahl geeigneter Pflanzen für unterschiedliche Wohnbedingungen und Lebensstile beschrieben. Nach reiflicher Überlegung, wo das Grün hinkommen soll, sollten Sie sich mit den verschiedenen Pflanzen vertraut machen, die dort gedeihen sollen.

Nähere Informationen zu der Wahl der optimalen Pflanzen lesen Sie im Kapitel „Das Pflanzenhaus" auf Seite 123. Dort finden Sie auch Anregungen, wie Sie Ihr Zuhause mit Pflanzen dekorieren und sie gekonnt in Szene setzen.

# PFLANZEN
# KAUFEN

Das Einkaufen und die Auswahl einzigartiger Pflanzen ist Teil der Freude, die es bereitet, sein Heim mit Grünpflanzen zu füllen. Überall, etwa im Gartenfachhandel, auf Pflanzenmärkten oder in den Wohnungen unserer pflanzenliebenden Freunde halten wir nach ungewöhnlichen Sorten für unsere Sammlung Ausschau.

Selbst wenn einige Sukkulenten im warmen Klima gerne draußen stehen, vermeiden wir es in aller Regel, tropische Pflanzen oder Luftpflanzen zu kaufen, die im Freien gestanden haben. Das gilt besonders für die Wintermonate, in denen sie höchstwahrscheinlich durch die Kälte geschädigt wurden.

Logischerweise sollten Sie bei interessanten Pflanzen zuerst auf das Etikett schauen, denn dort stehen Informationen zu Lichtverhältnissen und Bewässerung. Das ist die erste Möglichkeit zu erkennen, ob die Pflanze die richtige für Sie ist. Bekommen Sie einen Ableger von einem Freund (S. 99), überlegen Sie, ob die Pflanze an ihrem jetzigen Standort gedeiht und ob Sie bei sich vergleichbare Licht- und Temperaturverhältnisse haben.

Achten Sie bei allen Pflanzen auf braune, schlaffe oder abfallende Stiele und Blätter, was auf eine Krankheit hindeuten kann. Stehen sie im Topf, schauen Sie, ob er genug frische Erde enthält und keine Spuren von Schimmel oder Kalkablagerungen vorhanden sind. Sind die Wurzeln unten durch den Topf hindurchgewachsen, sollte die Pflanze besser bald umgetopft werden. Überlegen Sie, ob Sie dazu die Zeit finden oder sich lieber für eine Pflanze mit genügend Platz im vorhandenen Topf entscheiden.

Bevor Sie den Laden oder das Gartencenter verlassen, sollten Ihre Pflanzen ordentlich eingepackt sein, um sie vor Transportschäden zu bewahren. Eingehüllt in starkes Papier oder Stoff sind sie auch vor Zugluft geschützt. Denn die schwächt sie, noch bevor Sie sie über die Türschwelle getragen haben. Das gilt insbesondere für empfindliche tropische Pflanzen, die anfällig gegen extreme Temperaturschwankungen sind.

Wir haben uns schon so manches Mal an Dornen gepikst. Wenn Sie also vorhaben, Kakteen zu kaufen, nehmen Sie einen kleinen Karton für den Transport nach Hause mit. Größere Kakteen sind oft schwer und empfindlicher als sie aussehen. Beim Kauf eines größeren Kaktus sollte er in einer mit Zeitungspapier ausgefütterten, dickwandigen Kiste verpackt werden, damit die Dornen nicht abknicken.

Achten Sie schließlich darauf, dass tropische Pflanzen oft etwas Zeit brauchen, um sich an neue Lebensverhältnisse anzupassen. In den ersten Wochen am neuen, wenngleich geeigneten Standort kann es zu beunruhigenden Anzeichen kommen wie Welken oder Blattabwurf. So lange sie vor direkter Sonneneinstrahlung oder Hitze geschützt sind, sollte man sie einfach in Ruhe lassen und die Erde feucht halten. So erholen sie sich besser, als wenn Sie sie öfter umstellen.

# KAKTEEN & ANDERE SUKKULENTEN

Egal, ob in weit entfernten Gebieten wie den dürren Steppen Südafrikas, den Regenwäldern Madagaskars oder den Wüsten in Patagonien und Mexiko – wasserspeichernde Pflanzen gibt es in schier unendlicher Vielfalt. Von der kräftigen und stacheligen bis zur eleganten Kletterpflanze können Sammler der großen Bandbreite der Familie der Sukkulenten kaum widerstehen.

Als Sukkulenten bezeichnet man alle Pflanzen, die – angepasst an Lebensräume mit großer Trockenheit – in den Blättern oder Stielen Wasser speichern. Somit sind Kakteen von Natur aus Sukkulenten. Einige Sukkulentenarten sind jedoch kaum von Kakteen zu unterscheiden und somit leicht zu verwechseln.

---

*Um Sukkulenten von Kakteen zu unterschieden, einfach nachschauen, ob sie sogenannte Areolen haben – kleine runde Höcker auf der Pflanzenoberseite, dort, wo ein Kaktus Dornen und Blüten bildet.*

Es gibt zwei Arten von Kakteen – Wüsten- und Waldkakteen –, und um als solche klassifiziert zu werden, müssen sie alle Areolen haben. Ein Blick auf die Form des Stiels zeigt, ob ein Kaktus in trockenen (Wüste) oder tropischen (Wald) Gebieten heimisch ist. Da sie für ihr Überleben mehr Wasser speichern müssen, sind Wüstenkakteen oftmals wulstig, säulenförmig oder flach und zylindrisch und haben eigenartige Dornen. Waldkakteen, die vorwiegend als Aufsitzer leben, verzweigen sich oft in dornlose Stielformationen und kommen besser mit Halbschatten zurecht. Waldkakteen wie der Sägeblattkaktus (S. 184) verfügen mitunter über weniger ausgeprägte Areolen, und zwar an den Stielenden. Wüstenkakteen haben keine Blätter, dafür jedoch Dornen, die sie vor Räubern schützen und ihren Wasserverlust mindern.

Andere beliebte Sukkulenten sind Agaven, Fetthennen, Lithops und Dickblatt; ihre Gattungen stammen aus Halbwüstenlandschaften. Sie haben saftige Blätter und einzelne Blüten. Da sie sehr pflegeleicht sind, eignen sie sich gut für Kinder. Wie die Wüstenkakteen gedeihen sie am besten in direktem Sonnenlicht. Doch trotz ihrer weit entfernten Herkunft passen sich Sukkulenten bereitwillig an urbanes Leben an und tolerieren es sogar, wenn sie für einen oder zwei Monate ohne Wasser sich selbst überlassen bleiben. Gelassen nehmen sie sogar gelegentliches Anrempeln von Rollos oder neugierige Katzen hin.

Wenn Sie gerade erst angefangen haben, sich mit Pflanzen zu beschäftigen, sind Sukkulenten eine gute Wahl. Sie sind widerstandsfähig und erfordern ähnliche Standortbedingungen. Das erleichtert die Auswahl, wenn Sie sich zu bestimmten Exemplaren allein aufgrund ihres Aussehens hingezogen fühlen. Doch aufpassen: Ihre Vielfalt macht süchtig. Mit unseren Kunden führen wir oft ernsthafte Gespräche über den Drang, mehr und mehr davon anzusammeln – davon zeugen mitunter die von Dornen übersäte Haut oder Häuser, die von Aloen und Echeverien eingenommen wurden. Minutiös wird über das Wachstum Buch geführt, als handele es sich um Tiere aus dem Weltraum.

## LICHT

Mit Ausnahme der Waldkakteen benötigen Sukkulenten direktes Sonnenlicht und sollten an möglichst hellen Standorten im Haus platziert werden. Dies ist zweifelsohne im Winter wichtig, wenn es nur wenig Tageslicht gibt. Im Sommer können Sie alle Sukkulenten nach draußen stellen, damit sie frische Luft und möglichst viel Licht bekommen. Beachten Sie, dass Waldkakteen niemals direkt in die Sonne gestellt werden dürfen. Sie überhitzen dort schnell und sterben ab. Hat Ihre Wohnung nur wenig Tageslicht, so halten Sie Ausschau nach Sorten aus den Gattungen der Rhipsalis, Hatiora und Epiphyllum, denn diese mögen allesamt indirektes Licht. Auf Seite 29 sind die Unterschiede zwischen Wald- und Wüstenkakteen und anderen Sukkulenten erklärt.

In Innenräumen fällt das Tageslicht normalerweise nur auf eine Seite der Pflanzen, der übrige Teil liegt im Schatten. Damit sie gleichmäßig wachsen, sollten die Sukkulenten daher regelmäßig gedreht werden.

Denken Sie daran, dass Pflanzen, die sich einmal an einen Standort akklimatisiert haben, sich beim plötzlichen Umstellen an einen helleren Standort verändern können. Achten Sie deshalb auf gelbe oder welke Blätter, die mögliche Anzeichen von zu viel Sonne sein können.

## TEMPERATUR

Während der aktiven Wachstumsperiode (Frühjahr und Sommer) benötigen Sukkulenten tagsüber warme Zimmertemperaturen (18 °C bis 30 °C). Aufgrund ihrer natürlichen Lebensbedingungen (sehr heiße Tage und kalte Nächte) sind sie jedoch an kalte Nachttemperaturen gewöhnt, vorausgesetzt, sie bekommen tagsüber genug Sonnenlicht. Somit sind sie für die meisten Wohnungen geeignet.

In der Ruhezeit (Herbst bis Frühjahrsbeginn) vertragen Sukkulenten kältere Standorte (ca. 10 °C bis 13 °C), benötigen jedoch auch dann Tageslicht. Man sollte sie vor Frost und zugigen Fenstern schützen. Um die kälteren Monate zu überstehen, müssen sie trocken gehalten werden. In der Nähe von Heizungen (oder Klimaanlagen im Sommer) ist es mitunter zu trocken, sodass sie eventuell häufiger gegossen werden müssen.

## LUFTFEUCHTIGKEIT

Da sie üblicherweise aus trockenen Gebieten stammen, gedeihen die meisten Sukkulentenarten unter warmen, trockenen Bedingungen ohne allzu hohe Feuchtigkeit. Alle Pflanzen brauchen frische Luft, auch Sukkulenten bilden da keine Ausnahme. Öffnen Sie an heißen Sommertagen Fenster und Türen, damit Ihre Sukkulenten genügend Luftzirkulation erhalten. Auch Waldkakteen mögen eine gute Belüftung und sollten in wärmeren Monaten ins Freie gestellt werden, nicht jedoch ins direkte Sonnenlicht.

## BLÜTE

Während der aktiven Wachstumsperiode blühen viele Kakteen und Sukkulenten in Innenräumen auch schon im jungen Alter. Einige Kakteen blühen in der Nacht in allen möglichen Farben außer Blau. Doch obwohl die Blüten mancher Kakteen oft spektakuläre Farbtöne aufweisen, lassen Sie sich nicht von den regenbogenfarbenen Blüten, die Minikakteen auf Blumenmärkten zieren, täuschen – möglicherweise wurden sie mit einem Tupfen Kleber befestigt. Gewöhnliche Waldkakteen, die an Halbschatten gewöhnt sind wie die Sorte Rhipsalis, blühen in Innenräumen auch wunderbar ohne direktes Tageslicht.

Da eine Vielzahl an Gewächsen als „Sukkulenten" bezeichnet wird, sollten Sie bei bestimmten Sorten ein paar Informationen über das Anregen der Blüte bei sich zu Hause einholen. Porträts einzelner Pflanzen finden Sie auf Seite 123 im Kapitel „Das Pflanzenhaus".

Die eigenen Pflanzen kennen

# GIESSEN

*{ Kakteen & andere Sukkulenten }*

Es herrscht die verbreitete Annahme, dass Kakteen und andere Sukkulenten nur wenig Wasser brauchen, da sie die Feuchtigkeit so gut speichern. Doch wenn sie überleben sollen, müssen sie genau wie alle anderen Pflanzen regelmäßig gegossen werden, insbesondere während der Wachstumsperiode. Und die reicht bei Sukkulenten vom beginnenden Frühjahr bis zum Ende des Sommers. Dann sollte man sie mehrmals wöchentlich gießen, wofür sie allerdings eine gute Drainage und viel Licht brauchen.

Im Frühling und im Sommer ist es an der Zeit zu gießen, wenn sich die oberen drei Zentimeter der Erde trocken anfühlen, was Sie mit dem Finger testen können. Da die meisten dieser Pflanzen an sandige Wüstenregionen mit guter Versickerung gewöhnt sind, sollte die Erde unbedingt austrocknen, bevor erneut Wasser zugeführt wird. Gießen sollten Sie am Vormittag, damit die überschüssige Feuchtigkeit vor der Nacht in die Erde einziehen kann.

In den Wintermonaten legen Sukkulenten eine Ruhepause ein. Jetzt kann man weniger gießen, da sie nun deutlich weniger Wasser zum Überleben brauchen. Sukkulenten in Gewächshäusern benötigen in der Ruheperiode gar kein Wasser. In beheizten (d. h. sehr trockenen) Innenräumen braucht man sie nur dann zu gießen, wenn die Erde völlig ausgetrocknet ist. Gießen Sie auch hier am besten am Vormittag, damit die Erde die Feuchtigkeit noch vor der Nacht komplett aufnehmen kann. Bei übermäßigem Gießen während der Ruhezeit können sich Bakterien in den Wurzeln bilden, da das Wasser dann nicht mehr aufgesogen wird.

Eine Ausnahme von dieser Regel bilden Waldkakteen, die ganzjährig bewässert werden müssen. Dazu prüfen Sie die Erde wie üblich mit dem Finger und gießen erst, wenn die obersten drei Zentimeter völlig trocken sind. Gönnen Sie einem Waldkaktus nach der Blüte ein paar Wochen Ruhe, bevor Sie ihn wieder gießen.

Idealerweise wässern Sie, indem Sie den Pflanztopf in eine Schale stellen und das Gießwasser dort hineingeben. Die Pflanze saugt das Wasser so lange über die Drainagelöcher auf, bis sich die Oberfläche der Pflanzerde feucht anfühlt. Danach nehmen Sie den Topf aus der Schale, damit die Wurzeln nicht über längere Zeit im Wasser stehen. Zu viel Wasser kann die feinen Härchen der Wurzeln schädigen, wodurch sie letztendlich weniger Feuchtigkeit aufnehmen können. Haben Sie viele Sukkulenten, so können Sie, um Zeit zu sparen, eine längliche Bewässerungsschale verwenden. Falls Sie merken, dass kein Wasser aufgenommen wird, können Sie die Sukkulenten auch von oben mit einer Gießkanne mit Brause bewässern. Sukkulenten sind aufgrund ihres natürlichen Lebensraums an einen plötzlichen Wasserstrahl nach längerer Trockenheit gewöhnt und nehmen keinen Schaden.

Ein paar Hinweise zum Schluss: Pflanzen in Plastiktöpfen speichern mehr Feuchtigkeit als solche in Tontöpfen und benötigen deswegen weniger Gießwasser. Wenn Sie sehr hartes Wasser haben, sollten Sie mit Blick auf gesunde Pflanzen gefiltertes Wasser oder temperiertes Regenwasser verwenden.

---

**FÜR VERGESSLICHE** | *Wenn Sie Sukkulenten über lange Zeit vernachlässigen, wird die Erde spröde und zieht sich vom Rand des Topfes zurück. Lockern Sie vor dem Gießen die Erde mit dem Finger auf, damit das Wasser nicht unten herausläuft.*

# RÜCKSCHNITT & PFLEGE

*{ Kakteen & andere Sukkulenten }*

Kakteen oder Sukkulenten sollten stets pfleglich behandelt werden, egal wie ungefährlich oder robust sie aussehen. Werden sie beschädigt, so können selbst die harmlosesten Sorten Hautreizungen auslösen und piksen. Die wachsartigen Blätter mancher Sukkulenten, darunter auch einige Echeverienarten, können gequetscht werden, wenn sie angefasst werden. Kakteen mit feinen Härchen wie die Opuntia oder der Feigenkaktus stoßen gelegentlich Dornen ab, die in die Haut eindringen. Für die Entnahme eines dornigen Kaktus aus seinem Topf empfehlen sich dicke Handschuhe. Eine andere Möglichkeit ist es, die Dornen mit einem Bündel dick zusammengerollten Zeitungspapiers einzuwickeln, damit sie nicht piksen können. Weitere Tipps zum Umtopfen finden Sie auf den Seiten 84 bis 91.

### RÜCKSCHNITT

Kakteen benötigen in der Regel wenig Rückschnitt, außer wenn sie abgeblüht sind. Dann lassen sich die vertrockneten Blüten behutsam entfernen. Blättrige Sukkulenten werfen ihre Blätter in regelmäßigen Abständen ab. Verwelkte Blätter oder Blüten abpflücken, damit die Pflanze wieder frisch aussieht. Wenn man blättrige Sukkulenten zurückschneidet, kann man gesunde Stängel oder Blätter, die zur Formgebung (oder aus Versehen) entfernt wurden, einfach für die Vermehrung nutzen, anstatt sie zu entsorgen. Tipps zur Vermehrung finden Sie im Kapitel „Pflanzen vermehren" auf Seite 99.

### REINIGUNG

Staubablagerungen auf Ihren Zimmerpflanzen sind unvermeidbar, können jedoch das Wachstum beeinträchtigen. An einem dornigen Kaktus haften möglicherweise Krümel loser Erde an den Dornen, insbesondere nach dem Transport nach Hause. Von dornigen Wüstenkakteen lassen sich Schmutz oder Staub am besten mit einem weichen, trockenen Pinsel entfernen. Waldkakteen oder dornenlose Sukkulenten einfach mit einem feuchten Tuch oder Schwamm reinigen. Empfindliche Blätter oder Stängel sind besonders vorsichtig zu behandeln.

### NÄHRSTOFFE

In Innenräumen entwickeln sich Sukkulenten langsamer und benötigen deswegen nur wenig Dünger. Will man jedoch Wachstum und Blüte anregen, sollte dem Gießwasser von Anfang Frühjahr bis zum Spätsommer (jedoch niemals in der Ruheperiode der Pflanze im Winter) regelmäßig Zimmerpflanzendünger zugegeben werden. Probieren Sie es einmal mit selbst hergestelltem Brennnesseldünger nach unserem Rezept auf Seite 95. Spezielle Hinweise, wie oft bestimmte Sorten Nährstoffe bekommen sollten, enthalten die individuellen Pflanzensteckbriefe im Kapitel „Das Pflanzenhaus" ab Seite 123.

# HÄUFIGE KRANKHEITEN

*{ Kakteen & andere Sukkulenten }*

## WELKEN

Es ist eine weitverbreitete Fehlannahme (insbesondere unter Sukkulentenneulingen), dass welkende Stängel oder Blätter auf zu wenig Wasser zurückzuführen sind. Im Gegenteil ist dies ein Anzeichen für allzu eifriges Gießen. Die Wurzeln werden geschädigt und hindern die Sukkulente an der Aufnahme der lebensnotwendigen Feuchtigkeit. Daher stirbt sie ab. Ein weiteres Anzeichen von Überwässerung ist zunehmendes Vergilben der Blätter. Werden sie also gelb und welk, lässt sich das Problem klar benennen. Sieht die Pflanze zunehmend verwelkt aus, nehmen Sie sie aus dem Topf und prüfen Sie, wie feucht die Erde ist. Bei sehr trockener Erde nur wenig gießen, damit sie keinen Schock erleidet. Schauen Sie am nächsten Tag nach, ob sich der Zustand verbessert hat. Ist die Erde hingegen feucht, lassen Sie die Pflanze für einige Wochen in Ruhe und gießen Sie nur, wenn die Erde völlig trocken ist. Weitere Tipps finden Sie auf Seite 35.

## BLÄTTER ABWERFEN

Verliert eine Pflanze Blätter, so kann das verschiedene Gründe haben, angefangen von zu hohen Temperaturen bis hin zu starken Pflanzenschutzmitteln. Häufigste Ursache ist jedoch zu wenig Wasser. Sukkulenten halten dann ihre Blätter auf natürliche Weise kurz, um Energie zu sparen. Falls Sie das Gießen des Öfteren vergessen, machen Sie sich einen Merkzettel und passen Sie den Gießturnus an.

Beachten Sie, dass trockene Blätter unten an der Pflanze bei gesunden Sukkulenten im Wachstum normal sind. Wenn man diese abschneidet, wird das Wachstum zusätzlich angeregt. Die meisten gesunden Fetthennen werfen ihre fleischigen Blätter ab, um sich zu vermehren. Sollten also bei dieser Gattung saftig aussehende Blätter weiter unten an den Stielen abfallen, ist das kein Grund zur Besorgnis.

---

**UMGANG MIT UNERWÜNSCHTEN SCHÄDLINGEN |** *In der Wohnung sind Schädlinge relativ selten (im Vergleich zu Tausenden von Schädlingen im Freien). Es kann aber vorkommen, dass eine Sukkulente von einer Familie marodierender Läuse befallen wird, die aussehen wie kleine weiße Kellerasseln. Wollläuse bilden kleine Nester zwischen den Pflanzenblättern und -wurzeln und sehen aus wie Baumwollflocken. Einzelne Läuse mit einem dünnen Pinsel entfernen, dann die Wurzeln auf weiteren Befall prüfen. Für diesen Fall können Sie einen ungiftigen Pflanzenschutz selbst herstellen. Dazu einen Liter Wasser mit einem Teelöffel Bio-Niemöl und einem Viertel Teelöffel milder Flüssigseife mischen. Die betroffenen Pflanzenteile mäßig damit besprühen. Am besten vorher an einer Stelle testen, wie die Pflanze auf dieses Mittel reagiert.*

### PLÖTZLICH WELKENDE UND VERGILBENDE BLÄTTER

Zwar sind Sukkulenten nicht unbedingt anfällig für Schädlinge, jedoch sollten Sie auf Wollläuse und Nacktschnecken achten, besonders wenn die Sukkulenten in wärmeren Monaten im Freien stehen. Beim ersten Verdacht die Erde nach Anzeichen von Wollläusen absuchen (siehe Tipp auf S. 39). Den Befall können Sie behandeln, indem Sie die betroffenen Teile der Wurzeln abschneiden und die Pflanze in frische Erde umtopfen. Anschließend sollte sie beobachtet werden.

### BLASSE BLÄTTER UND DÜRRE STÄNGEL

Sukkulenten, die nicht genügend Licht bekommen, haben lange, blasse Stängel, oft mit gelben, verkümmerten Blättern. Interessanterweise entwickeln Echeverien auf der Suche nach Sonnenlicht lange dürre Stängel (siehe S. 102 zur Vermehrung von unschönen Sukkulenten). Kakteen dehnen sich aus und werden weich. Wenn Sie Ihre Pflanze an einen helleren Standort stellen, wird sie normalerweise bald wieder gesund sein.

### WEICHE, BRAUNE STELLEN

Weiche, braune Stellen sind normalerweise ein Anzeichen für Fäulnis nach starker Überwässerung, was die Wurzeln schädigt. Sukkulenten sind besonders anfällig für Bakterien und fangen an zu faulen, wenn sich zu viel Feuchtigkeit an den Wurzeln oder Blättern ablagert. Wenn Sie verfaulte Stellen entdecken, schneiden Sie das betroffene Material ab, damit sich die Bakterien nicht ausbreiten (weitere Tipps zum Gießen auf S. 35). Bei starker Fäulnis eventuell auch gesunde, noch grüne Stellen abschneiden. Aus diesen Stängeln oder Blättern lassen sich neue Triebe bilden, indem man sie in frische Pflanzerde umtopft. Hinweise zur Vermehrung finden Sie ab Seite 99.

### DUNKLE, TROCKENE STELLEN

Diese können durch häufiges Umstellen entstehen, insbesondere bei empfindlichen Kakteen und Sukkulenten. Dunkle Stellen können auch Anzeichen von Verbrennungen sein, wenn die Pflanze im Freien oder vor einem sehr sonnigen Fenster steht. Ist die Sukkulente sehr alt, sind dunkle Stellen am unteren Teil der Pflanze ganz einfach ein Zeichen hohen Alters. Das mag unansehnlich sein, aber dunkle Stellen breiten sich nicht aus und sind als Anzeichen für ein langes und erfülltes Leben Ihrer Pflanze zu werten.

### KEIN WACHSTUM

Ursache hierfür kann zu wenig Wasser in wärmeren Monaten oder Überwässerung im Winter sein. Ein weiterer Grund für stagnierendes Wachstum könnte sein, dass Sie Ihre Pflanze über einen langen Zeitraum nicht umgetopft haben oder sie in einem zu kleinen Topf halten. Tipps zum richtigen Umtopfen finden Sie im Kapitel „Richtige Pflege der Pflanzen" ab Seite 73.

---

**EIN HINWEIS ZUM UMTOPFEN** | *Um Feuchtigkeitsbildung im Topf und damit Fäulnis zu vermeiden, sollten Sie Sukkulenten wenn im Frühling oder Sommer umtopfen. In dieser aktiven Wachstumsperiode kann man durch das Umtopfen alte, nährstoffarme Erde ersetzen und die Pflanze mit frischen, wachstumsfördernden Nährstoffen versorgen. Beim Umtopfen von Sukkulenten muss eine Schicht kleiner Kiesel unten in den Topf gegeben werden, damit das Wasser abläuft und die Wurzeln gesund bleiben. Weitere Tipps erfahren Sie im Kapitel „Richtige Pflege der Pflanzen" ab Seite 73.*

# LUFT-
# PFLANZEN

Stellen Sie sich einen Raum vor, in dem die Pflanzen – schwebend und der Schwerkraft zum Trotz – auf allen erdenklichen Oberflächen gedeihen. Eigenständig hängen sie ohne Wurzeln von der Decke, schlängeln sich über Bücherregale und schweben an Wänden. Das beschreibt ganz gut, wie unser Atelier entstand, und mit etwas Fantasie könnte es in Ihrem Zuhause auch so aussehen.

Als wir zum ersten Mal mit Luftpflanzen in Berührung kamen, hatten wir sie noch nie in Innenräumen gesehen. Begegnet waren wir ihnen in öffentlich zugänglichen Gewächshäusern, wo wir gebannt auf kriechendes Spanisches Moos starrten und fasziniert waren von einer ungewöhnlichen Blattrosette, die hier und da eigentümlich an den Blättern größerer Tropenbäume hing. Wir fanden sie ungewöhnlich, doch ihr Potenzial als Zimmerpflanze war uns nicht bewusst. Dann fuhr Rose nach San Francisco. In einer Gärtnerei entdeckte sie eine Reihe von Luftpflanzen, die es sich zwischen Büchern und antiker Deko bequem gemacht hatten. Rose war so begeistert, dass sie gleich einige davon für unsere Experimente mitbrachte. Seitdem hat sich die Pflanzenfamilie mit ihrer feinen Ausgewogenheit zwischen Zartheit und Widerstandsfähigkeit zu unserem Favoriten gemausert.

Luftpflanzen oder Tillandsien sind eine Gattung von über 500 Sorten immergrüner Pflanzen aus der Familie der Bromelien. In freier Natur wachsen sie im Allgemeinen als Aufsitzer. Andere Pflanzen und Bäume, an die sie ihre Wurzeln anheften, dienen ihnen als Träger. Sie kommen in großer Vielfalt vor – ein Hinweis auf ihre weit verbreitete Herkunft, angefangen von den Wäldern Floridas über Mexiko und Guatemala bis weit hinunter zu den Wüstengebieten Argentiniens und Chiles.

Erstaunlicherweise brauchen Luftpflanzen trotz ihrer unterschiedlichen natürlichen Lebensräume insgesamt wenig Pflege. Ein Grund dafür ist, dass sie extrem langsam wachsen: Ihre Blätter erscheinen geradezu wie gelähmt. Dennoch ist es ein Irrglaube, dass Luftpflanzen allein von Luft leben. Die in Form, Größe und Farbe stark unterschiedlichen Sorten nehmen in der Natur Feuchtigkeit und Nährstoffe über ihre Blätter auf. Somit benötigen sie keine Wurzeln oder Erde und brauchen auch in Innenräumen nur minimale Bewässerung und wenig Schnitt.

Bei der Wahl des Standorts der Pflanzen ist zu beachten, dass sie eine gute Durchlüftung zwischen den Blättern benötigen. Geschlossene Töpfe oder wasseraufnehmende Oberflächen sind zu vermeiden. Einige Metalle können für sie giftig sein, sodass man sie besser an einer transparenten Angelschnur oder an Fäden aufhängt.

Luftpflanzen eignen sich fantastisch als Zimmerpflanzen für Kinder, da sie wenig Pflege brauchen und auch häufiges Umsetzen nicht übelnehmen. Zwar sind sie nicht giftig für Haustiere, aber Katzen stibitzen sie schon mal ganz gerne.

## LICHT

Einige Sorten wie die *Tillandsia xerographica* (S. 202) brauchen direktes Sonnenlicht, aber fast alle anderen Sorten geben sich mit heller, indirekter Beleuchtung zufrieden. Grund ist, dass sie an Halbschatten gewöhnt sind, denn ihre Trägerpflanzen oder -bäume in ihrem natürlichen Lebensraum haben mitunter das Sonnenlicht abgeschirmt. So eignen sie sich gut für die meisten Innenräume. In den Sommermonaten sollte man jedoch sehr helle Fenstersimse vermeiden, denn dort verbrennen oder verkümmern sie und trocknen aus.

## TEMPERATUR

Am Tag darf die Zimmertemperatur zwischen 10 und 30 °C betragen, doch nachts lieben es die meisten Sorten sehr viel kühler. Wenn Sie die Luftpflanzen in warmen Räumen halten möchten, müssen Sie sie eventuell häufiger wässern, um sie vor Austrocknung zu schützen. Obwohl sie ziemlich widerstandsfähig sind, sollten sie dennoch in den Wintermonaten vor Frost bewahrt werden. Unter dem Temperaturschock können sie unvermittelt eingehen. Durch Zugluft und allzu niedrige Temperaturen können Luftpflanzen dauerhafte Schäden erleiden, besonders, wenn sie beispielsweise nach dem Wässern noch feucht sind.

## LUFTFEUCHTIGKEIT

Einige Sorten der Luftpflanzen brauchen entsprechend ihrem natürlichen Lebensraum unterschiedlich viel Feuchtigkeit. Lesen Sie auf Seite 51 nach, wo Ihre Pflanzen herkommen oder im Kapitel „Das Pflanzenhaus" (S. 123), wo Sie sie am besten aufstellen.

## BLÜTE

Im Frühjahr und Sommer fangen ausgewachsene Luftpflanzen an zu blühen. Sie entwickeln aus der Mitte ihrer Blätter heraus einen langen Stängel, den man Blütenstand nennt. Die Blüten tragen oft kräftige Pink-, Violett- oder Gelbtöne. Unter geeigneten Lichtverhältnissen „erröten" bestimmte Spezies wie *Ionantha* und lassen die Blattspitzen – mitunter auch die ganze Pflanze – vor der Blüte rot werden.

Am wahrscheinlichsten werden die Sorten *Tillandsia ionantha, butzii* und *xerographica* (S. 202) Blüten tragen. Die *Ionantha* blüht manchmal alle neun Monate, hat aber nur eine kurze Blütezeit. Die *Xerographica* blüht nur unregelmäßig, doch ihre Blütezeit dauert bis zu einem Jahr.

Nach der Blüte erzeugen Luftpflanzen Ableger oder Jungtriebe und verlieren allmählich ihre Kraft. Dies kann sich über Monate hinziehen. Belässt man die Ableger an der Mutterpflanze, so bilden sie ein Bündel neuer Pflanzen. Entfernt man sie jedoch, so bilden sie neue, eigenständige Pflanzen. Lesen Sie mehr dazu auf Seite 114.

---

**KEINE BLÜTENENTWICKLUNG |** *Grundsätzlich bilden alle Sorten der Luftpflanzen Blüten, aber bei manchen dauert es Jahre, bis sie ausgewachsen sind. Regen Sie die Blütenbildung an, indem Sie dem Gießwasser flüssigen Algendünger mit hohem Stickstoffgehalt beigeben und für die Pflanzen einen Standort mit optimalen Licht- und Temperaturverhältnissen wählen.*

Die eigenen Pflanzen kennen

# GIESSEN

## { *Luftpflanzen* }

Ehrlich gesagt gießen wir unsere Pflanzen richtig gerne – und unsere Kunden auch: Eine Reihe dieser Alien-artigen Gewächse zu beobachten, die in einem Becken herumdümpeln, während ihre Farbe dunkler wird, sobald die Blattoberfläche bis in die Spitzen gesättigt ist, ist eine eigenartig bezaubernde Erfahrung. Obwohl die Sorten dieser Gattung ähnlich viel Wasser benötigen, ist es interessant zu erfahren, woher die jeweiligen Pflanzen stammen, bevor man sich für einen Gieß-turnus entscheidet.

Dünnere Sorten mit sattgrüneren Blättern stammen oft aus feuchten Lebensräumen wie Regen-wäldern, wo sie für ihr Überleben wenig Wasser speichern müssen. Diese Art von Luftpflanze trocknet in Innenräumen schnell aus und sollte mindestens einmal pro Woche gegossen werden. Sie mögen ein regelmäßiges Besprühen und stehen gerne in feuchteren Räumen wie der Küche oder dem Bad. Dazu zählen die *Tillandsia butzii*, die *caput-medusae*, (Foto oben rechts und S. 171), die Orchideenart *bulbosa* (Foto unten links und S. 173) und das Spanische Moos (S. 207).

Luftpflanzen mit dickeren, oft silberfarbenen Blättern stammen höchstwahrscheinlich aus trockenen Gebieten. Ihre Blätter haben sich dort als Reserve für regenarme Zeiten entwickelt. Ihre silberne Farbe ist auf winzige Härchen (Trichome) zurückzuführen, die Licht reflektieren und überschüssige Feuchtigkeit absorbieren. Diese Sorten sind am widerstandsfähigsten und stehen bevorzugt in gut durchlüfteten Räumen mit niedriger Luftfeuchtigkeit, sodass sich keine Feuchtigkeit zwischen den Blättern bilden kann. Am liebsten mögen sie es, wenn sie einmal pro Woche gegossen und bei warmem Wetter gelegentlich besprüht werden. Die *Tillandsien xerographica* (S. 202), *ionantha* und *oaxacana* (Fotos links oben und S. 205) gehören zu den verbreitetsten Sorten in dieser Klasse.

Das Gute an Luftpflanzen ist, dass sie kaum durch Überwässerung eingehen werden. Egal, ob man sie besprüht oder wässert, sie nehmen nur so viel Feuchtigkeit auf, wie sie benötigen. Daher kann man sie nach Gusto gießen und braucht nicht zu befürchten, dass sie Schaden nehmen. In den wär-meren Monaten oder in sehr trockenen Räumen empfehlen wir, Luftpflanzen mindestens einmal wöchentlich zu wässern, und häufiger, wenn sie verdorrt aussehen. Anzeichen für das Austrocknen sind auf Seite 54 beschrieben.

Für das Wässern von Luftpflanzen gibt es zwei goldene Regeln – wenn man eine davon vernach-lässigt, so kann dies zu bleibenden Schäden führen: Die erste ist, überschüssige Feuchtigkeit nach dem Wässern abzuschütteln. So bildet sich zwischen den Blättern keine Fäulnis, was in schlecht durchlüfteten Wohnungen schnell passieren kann. Alternativ kann man die Pflanzen kopfüber auf einer Ablage trocknen lassen, damit das überschüssige Wasser ablaufen kann. Luftpflanzen sollten am Vormittag gewässert werden, dann können sie bis zum Einbruch der Nacht trocknen. Ansonsten könnte eine Verkühlung langfristige Schäden verursachen.

Die zweite Regel besteht darin, das richtige Wasser zu verwenden. Zimmertemperiertes Wasser kommt den natürlichen Lebensbedingungen recht nahe. Wenn Sie in einer Region mit hartem Wasser wohnen, können die Trichome der Pflanzen durch den hohen Kalkgehalt beeinträchtigt werden. Regenwasser ist hingegen gut geeignet. Sie können es einfach draußen in einem Eimer auf-fangen. Füllen Sie es in eine Sprühflasche oder eine kleine Gießkanne. Alternativ können Sie Wasser aus Flaschen oder gefiltertes Wasser verwenden. In Regionen mit weichem Wasser kann man die Pflanzen unter lauwarmes Leitungswasser halten.

# RÜCKSCHNITT & PFLEGE

## { *Luftpflanzen* }

### WURZELSCHNITT

Luftpflanzen können feine, drahtige Wurzeln bilden, um sich an einen Träger anzuheften. Diese können einfach abgeschnitten werden, ohne dass die Pflanze Schaden nimmt.

### BLÄTTER ABWERFEN

Luftpflanzen bilden aus der Mitte heraus neue Blätter. Daher ist es normal, dass die älteren, äußeren Blätter allmählich austrocknen und abfallen. Trockene Blätter lassen sich entfernen, indem man sie nach unten zieht. Spürt man Widerstand, sollte man nicht weiter ziehen, denn dann ist das Blatt noch gesund. Wirft Ihre Luftpflanze viele Blätter ab, so hat sie wahrscheinlich nicht die richtigen Licht-, Temperatur- oder Feuchtigkeitsbedingungen. Lesen Sie hierzu Seite 46 und suchen dann eventuell einen neuen Standort.

### EINGEROLLTE BLÄTTER

In der Regel ist dies ein Anzeichen von Austrocknung. In dem Fall sollten Sie Ihre Pflanzen häufiger wässern. Tipps für das Gießen finden Sie auf Seite 51.

### TROCKENE, BRAUNE UND VERDORRTE BLÄTTER

Verdorrt Ihre Pflanze und trocknet aus, so bekommt sie eventuell zu viel direktes Licht, was ihre Blätter versengt und beschädigt. Sofern Sie das rasch genug feststellen, genügt es, reichlich zu gießen und die Pflanze an einen anderen Standort zu stellen. Eine weitere Ursache dafür könnte Austrocknung sein. Dann sollten Sie sie über Nacht ins Wasser stellen, damit sie sich vollsaugen kann, und sie anschließend häufiger gießen. Meist wird sie wieder gesund. Braune Blattspitzen deuten ebenfalls auf zu wenig Wasser hin. Wirkt die Pflanze ansonsten gesund, kann man die Spitzen mit einer Schere abschneiden, damit sie wieder frisch aussieht.

### WEICHE, BRAUNE STELLEN UND FÄULNIS

Wird Ihre Luftpflanze unten an den Blättern braun und fällt ab, kann es sein, dass es durch einen Wasserstau zu Fäulnis gekommen ist. Leider kann man sie dann nicht mehr retten. Achten Sie bei neuen Pflanzen darauf, dass das überschüssige Wasser nach dem Wässern von der Pflanze ablaufen kann. Weitere Tipps zum Gießen von Luftpflanzen finden Sie auf Seite 51.

### NÄHRSTOFFE

Ihre Pflanze erfreut sich optimaler Gesundheit, wenn Sie dem Gießwasser einmal pro Monat einen organischen Flüssigdünger auf Algenbasis (mit hohem Stickstoffgehalt) zufügen. Das fördert die Blüte und regt das Wachstum an. Durch eine zu hohe Dosis Dünger können Luftpflanzen jedoch verbrennen. Daher sollten Sie nur ein Viertel der empfohlenen Dosierung zugeben.

Die eigenen Pflanzen kennen

# TROPISCHE PFLANZEN

Mit ihrer Blattvielfalt, exotischer Zeichnung und intensivem Farbenspiel lassen tropische Zimmerpflanzen einen Raum unmittelbar lebendig wirken. Obwohl sie mehr Platz beanspruchen als Sukkulenten, verleiht ihre Präsenz einem Raum gewissermaßen eine Offenheit, als gäbe es keine Wände dahinter. Auch für kleine Stadtwohnungen sind sie eine gute Wahl, denn sie fügen sich gut in eine ungenutzte Ecke des Schlafzimmers ein oder kommen auf dem Boden des Wohnzimmers zur Geltung.

Tropische Pflanzen wachsen schneller als Sukkulenten und Luftpflanzen und reagieren dementsprechend auch rascher auf veränderte Bedingungen. Sie orientieren sich auf natürliche Weise an Licht- und Wärmequellen, und ihre Blätter entkräuseln und fächern sich nach jedem Wässern auf. Das macht es besonders lohnenswert, mit ihnen zu leben. Sie danken die Mühe guter Pflege mit ihrer Anpassungsfähigkeit und ihrer Art, den Raum für sich einzunehmen. Und sie haben noch mehr zu bieten: Da ihre Blätter sich an die Fotosynthese mit geringem Sonnenlicht angepasst haben, reinigen sie die Raumluft wirksamer als andere Zimmerpflanzen. In Städten wie Delhi, die stark unter Luftverschmutzung zu leiden haben, werden tropische Pflanzen wie die Areka, die Friedenslilie und der Geldbaum als Zimmerpflanzen gehalten, da sie zahlreiche Giftstoffe aus der Luft deutlich reduzieren. In unseren Wohnungen nehmen sie Chemikalien wie Benzol, Formaldehyd und Kohlendioxid auf und geben im Gegenzug eine beachtliche Portion Sauerstoff an die Luft ab.

Wir konzentrieren uns hier nicht auf Blühpflanzen, sondern auf Blattpflanzen, da sie zum Gedeihen normalerweise weniger Licht benötigen und interessantere Blattformen und -zeichnungen aufweisen. Mehrfarbige Arten vieler bekannter tropischer Pflanzen sind leicht im Handel zu finden – halten Sie nach besonders auffälligen Kreuzungen von Ficus, Philodendron und Aspidistrien Ausschau – auch wenn sie oft weniger widerstandsfähig sind. Da alle Blattpflanzen in diesem Buch aus subtropischen und tropischen Gebieten stammen (wo sie sich an schattige Standorte angepasst haben), sind sie für Räume mit hellem indirektem Licht oder auch mit schwachen Lichtverhältnissen geeignet.

Beachten Sie, dass tropische Pflanzen häufiger gegossen werden müssen als Sukkulenten und Luftpflanzen, auch wenn hier nur die widerstandsfähigeren Pflanzen aufgeführt sind. Und wenngleich sie mehr Pflege benötigen, eignen sie sich auch für feuchtere Räume wie das Bad oder die Küche.

---

**PFLEGELEICHT |** *Für Menschen, die die Pflege von Zimmerpflanzen als aufwendig erachten, schlagen wir vor, mit der robusten Schusterpalme (S. 130), dem Bogenhanf (S. 183) oder der Grünlilie zu beginnen.*

## LICHT

Bei tropischen Pflanzen ist die benötigte Lichtstärke und -dauer von Exemplar zu Exemplar stark unterschiedlich, selbst innerhalb einer Gattung. So liebt beispielsweise der bekannte Gummibaum aus der Familie der Feigengewächse einen Standort mit indirektem Licht, während die Kletterfeige nur an schattigen Plätzen gedeiht. Allgemein gilt, dass die meisten Sorten nicht gerne im direkten Tageslicht stehen, sondern helles gedämpftes Licht bevorzugen.

Da das Tageslicht hinter einem Fenster meist nur auf eine Seite der Pflanzen fällt, während die andere Seite im Schatten steht, sollten sie mit Blick auf ein gleichmäßiges Wachstum gelegentlich gedreht werden.

Die Blätter geben Hinweise darauf, ob sie genügend Licht bekommen. Auf Seite 64 werden allgemeine Symptome von zu starkem bzw. zu geringem Lichteinfall beschrieben.

## TEMPERATUR

Die meisten Zimmerpflanzen mögen am liebsten Temperaturen zwischen 10 °C und 30 °C am Tag und kühlere Nachttemperaturen. Sehr ungünstig sind starke Temperaturschwankungen. Schützen Sie die Pflanzen daher in kälteren Monaten, indem Sie sie von zugigen Fenstern oder Türen fernhalten, und achten Sie auf Radiatoren oder andere Heizgeräte, die erhebliche Veränderungen der Raumtemperatur bewirken können. Im Sommer sollten die Pflanzen vor plötzlich einströmender Kaltluft durch Klimaanlagen bewahrt werden.

## LUFTFEUCHTIGKEIT

Pflanzen profitieren generell von frischer Luft. Tropische Pflanzen sollten daher ab und an gemäßigte Luftzufuhr über ein geöffnetes Fenster bekommen. Dies gilt insbesondere für wärmere Monate, in denen die Luft mitunter stickig ist. Einige Pflanzen wie etwa Farne lieben eine hohe Luftfeuchtigkeit und gedeihen am besten im Bad. Bei den meisten tropischen Zimmerpflanzen ist es nicht wichtig, ob sie besprüht werden; die Bewässerung über die Erde hält sie gesund.

---

**RUHEZEIT |** *Obwohl viele Zimmerpflanzen aus gemäßigten Klimazonen im Winter eine Ruhepause genießen, sind tropische Pflanzen an weniger ausgeprägte Jahreszeiten gewöhnt. Stattdessen reagieren sie auf die Niederschlagsmenge, die sie bekommen. Daher sollte man im Winter insgesamt seltener gießen und die Nährstoffzugabe einschränken, um der Pflanze eine Ruhezeit zu gönnen.*

*Dabei sollte man jedoch auf Anzeichen von Verwelken achten – ein Hinweis, dass behutsames Gießen erforderlich ist. Sobald die Pflanze Anzeichen von Wachstum zeigt, sollte wieder häufiger gegossen werden, normalerweise, wenn zu Beginn des Frühjahrs mehr Tageslicht einfällt und sie in die aktive Wachstumsperiode wechselt. Mehr Tipps zum Gießen tropischer Pflanzen finden Sie auf Seite 61.*

Die eigenen Pflanzen kennen

# GIESSEN

## *{ Tropische Pflanzen }*

Tropische Blattpflanzen benötigen mehr Aufmerksamkeit und Wasser als Sukkulenten und Luft-pflanzen. Doch wie bei allen Dingen, um die man sich kümmert, kann die Einbindung ihrer Bedürf-nisse in einen vollen Terminkalender sehr erfüllend sein, und mit der Zeit lernen Sie jede einzelne Pflanze gut kennen.

Die meisten Blattpflanzen für Innenräume müssen zwischen dem Frühlingsbeginn und Spätsommer häufig gegossen werden, jedoch weniger während der Ruhezeit im Herbst und Winter. Wann es an der Zeit ist zu gießen, können Sie mit dem Finger prüfen: Sind die oberen drei Zentimeter der Erde trocken, sollten Sie die Pflanze wässern.

Es gibt eine Reihe einfacher Bewässerungsmethoden. Hier gilt es, die optimale Methode für den eigenen Lebensstil zu finden. Am schnellsten geht es mit einer Spritzkanne, wobei darauf zu achten ist, dass weder Blätter noch Stängel nass werden. Des Weiteren kann über die Wurzeln bewässert werden. Das erfordert mehr Geduld, scheint aber für die Pflanzen besser zu sein. Dazu die Töpfe in eine Schüssel mit Wasser eintauchen, damit sie die benötigte Wassermenge über das Drainageloch aufnehmen können. Lassen Sie die Pflanze so lange in der Schüssel, bis sich die obere Erdschicht feucht anfühlt. Dann herausnehmen und auf einer Ablage abtropfen lassen. Die Wurzeln sollten niemals über längere Zeit im Wasser stehen, denn so nehmen sie eventuell Schaden und es bildet sich Fäulnis. Wässern Sie am besten vormittags, damit die Pflanzen bis zur Nacht überschüssige Feuchtigkeit abgeben können.

Auch wenn nur dann gegossen werden sollte, wenn es nötig ist, finden wir, dass eine bereitstehende, gefüllte Gießkanne und eine Sprühflasche in der Nähe der Töpfe eine gute optische Erinnerung ans Gießen sind (bzw. das Prüfen, ob sie Wasser benötigen) und den Stressfaktor minimieren. In Regio-nen mit hartem Wasser sollte man temperiertes gefiltertes Wasser oder Regenwasser verwenden, um Schäden durch Verkalkung zu vermeiden. In Regionen mit weichem Wasser kann man Leitungswas-ser verwenden, doch sollte sich dieses in der Gießkanne zuerst auf Zimmertemperatur erwärmen.

Bei Zimmerpflanzen, die viel Feuchtigkeit mögen, kann man die Blätter alle paar Tage besprühen. Dazu lauwarmes Wasser verwenden und die Pflanzen am Vormittag besprühen, damit die Blätter vor Einbruch der Nacht trocknen können. Das Besprühen ist bei tropischen Pflanzen ebenfalls hilf-reich, um sie an heißen Sommertagen abzukühlen. Aber darauf achten, dass sie nicht unter direktem Licht besprüht werden, wodurch die Blätter versengt werden können.

Da sich tropische Pflanzen an feuchte Gebiete angepasst haben, sollte man im Sommer die Erde nicht zu rasch austrocknen lassen. Stellen Sie die Töpfe auf einen mit kleinen Drainagesteinen gefüllten Untersetzer. Nach dem Gießen sammelt sich hier das überschüssige Wasser. Durch die Verdunstung hält es die Erde feucht, verhindert aber, dass sich stehendes Wasser bildet. Der Wasser-stand sollte deshalb das Niveau der Steine nicht übersteigen, um Wurzelfäulnis zu vermeiden.

# RÜCKSCHNITT & PFLEGE

*{ Tropische Pflanzen }*

### RÜCKSCHNITT

Die meisten Blattpflanzen gedeihen ohne viel Schnitt, aber ein gelegentliches Trimmen fördert neues Wachstum und Fülle, insbesondere bei Kletter- oder Kriechpflanzen. Die Pflanzen sollten nur während der Wachstumsperiode zurückgeschnitten werden. Dabei sauber oberhalb einer Verzweigung am Stängel abschneiden, d. h. an der Stelle, wo ein Zweig oder Blatt anhaftet.

Bei Pflanzen ist es völlig normal, dass sie ihre ältesten Blätter abwerfen. Trockene, braune Blätter kann man einfach abpflücken, damit die Pflanze wieder schöner aussieht und sich neue Triebe bilden können. Lesen Sie auf Seite 64 nach, falls Sie sich Sorgen wegen brauner Blätter machen.

### REINIGUNG

Staub beeinträchtigt nicht nur das Aussehen der Blätter, sondern reduziert auch das Licht, das die Pflanze bekommt. Zudem verstopft er die Poren und verhindert, dass die Pflanze genug atmet. Hat sich viel Staub auf den Blättern angesammelt, so verwenden Sie ein sauberes feuchtes Tuch oder einen Schwamm und reinigen die Blätter vorsichtig, indem Sie mit der Hand dagegenhalten.

### NÄHRSTOFFE

Tropische Pflanzen freuen sich, wenn ihnen Nährstoffe zur Förderung von Wachstum und Vitalität zugeführt werden. Lesen Sie dazu unser Rezept für selbst gemachten Brennnesseldünger auf Seite 95.

### PFLEGE IM URLAUB

Wenn während Ihrer Abwesenheit in Ihrer Wohnung angenehme Temperaturen herrschen und Sie die Pflanzen vor der Abreise ausreichend gegossen haben, überstehen tropische Pflanzen in ihrer Ruheperiode ohne Weiteres eine oder zwei Wochen ohne Wasser unbeschadet. In wärmeren Monaten sollten Sie sie vorher gut gießen und von direkten Licht- oder Hitzequellen entfernen.

Um den Wasserverlust gering zu halten, sollten Sie den Untersetzer der Pflanzen mit einer Schicht kleiner Kieselsteine auslegen, um so die Feuchtigkeit unter dem Topf zu erhöhen. Bei tropischen Pflanzen mit hohem Luftfeuchtigkeitsbedarf lässt sich die Pflanze vor Austrocknung schützen, indem man sie komplett in eine große Plastiktüte einwickelt. Über einen längeren Zeitraum (mehr als etwa eine Woche) kann dies allerdings zu Fäulnis führen.

Sind Sie im Frühling oder Sommer länger als eine Woche nicht zu Hause, schlagen Sie einen Eimer, ein Becken oder die Badewanne mit sehr feuchtem Papier aus und stellen Sie die gut gegossenen Pflanzen hinein. Achten Sie darauf, dass sie nicht direkt in der Sonne stehen oder an einem Platz mit hohen Temperaturschwankungen. Ansonsten ist es sicherer, Pflanzenliebhaber aus Ihrem Bekanntenkreis zu bitten, die Pflanzen während Ihrer Abwesenheit zu gießen. Vielleicht können Sie ihnen ja im Gegenzug einige Ableger versprechen.

# HÄUFIGE KRANKHEITEN

{ *Tropische Pflanzen* }

Da es oft mehrere Gründe für die folgenden Symptome gibt, bemühen Sie sich, keine vorschnellen Schlüsse zu ziehen, bevor Sie wissen, welches die wahrscheinlichste Ursache ist. Zimmerpflanzen reagieren manchmal erst viel später auf unzureichende Lebensbedingungen. Wenn Sie merken, dass die Pflanze leidet, überlegen Sie, welche Pflege Sie ihnen vor einigen Wochen haben zukommen lassen, bevor Sie eine Diagnose stellen oder die Pflanze behandeln.

### BRAUNE, ABFALLENDE BLÄTTER

Einige weniger widerstandsfähige Pflanzen reagieren empfindlicher auf plötzliche Temperaturschwankungen durch Zugluft, Klimaanlagen oder die Zentralheizung.

Andere Ursachen für braune, abfallende Blätter sind zu wenig Wasser und zu trockene Bedingungen. Achten Sie darauf, die Pflanze mit genügend Feuchtigkeit zu versorgen und prüfen Sie, ob sie besser für einen Raum mit höherer Luftfeuchtigkeit geeignet ist. Ist Ihre Wohnung allgemein sehr trocken, besprühen Sie die Pflanze täglich.

Bei den Sorten, die schattige Standorte mögen, sind braune Blätter oben an der Pflanze ein Hinweis auf zu viel Sonnenlicht. In dem Fall die Pflanze an einen schattigeren Platz stellen, abgestorbene Blätter zurückschneiden und anschließend gut gießen.

### GELBE BLÄTTER

Gelegentlich werden Blätter gelb. Sind jedoch mehr Blätter als üblich betroffen, gibt es einige Ursachen dafür. Etwa zu viel Kalzium in hartem Leitungswasser oder kalte Zugluft, die die Blätter schädigt. Am wahrscheinlichsten ist aber ein ungünstiger Bewässerungsrhythmus. Da das Vergilben auf zu viel oder zu wenig Wasser zurückzuführen ist, prüfen Sie den Feuchtigkeitsgehalt der Pflanze und passen Sie den Gießturnus an. Lesen Sie weitere Tipps dazu auf Seite 61.

### FÄULNIS

Fäulnis kommt durch Überwässerung oder zu hohe Luftfeuchtigkeit im Raum zustande. Eine Pflanze lässt sich nur schwer behandeln, wenn die Wurzeln erst einmal von Fäulnis befallen sind. Vermeiden Sie das Problem durch gute Drainage und gießen Sie nur, wenn die Erde sich trocken anfühlt. Weitere Hinweise zum Gießen finden Sie auf Seite 61.

### LEBLOSE, WELKE BLÄTTER

Dies ist wahrscheinlich einem Zuviel an direktem Lichteinfall geschuldet – besonders, wenn die Blätter mitten am Tag welken. Ein anderer Grund ist zu wenig Wasser. In dem Fall lässt sich mit dem Finger prüfen, ob sich die Erde trocken anfühlt. Am besten lösen Sie das Problem, indem Sie die Pflanze gut gießen und wenn nötig die verwelkten Stiele an einen Bambusstab anbinden. Wahrscheinlich erholt sich die Pflanze nach etwa einer Woche, und Sie können wieder normal gießen.

# TROPISCHES GLAS- TERRARIUM

Angeregt durch die Vielfalt der Pflanzen, auf die wir in ganz England in tropischen Gewächshäusern gestoßen sind, kauften wir Glasgefäße auf Flohmärkten und Antikmessen. Wir bepflanzten sie und dekorierten damit die Schattenplätze rund um das Haus, wo andere Pflanzen es schwer hatten, zu überleben. Da tropische Pflanzen kein direktes Licht mögen, insbesondere nicht in Glasgefäßen (dann bildet sich Kondenswasser), eignen sich tropische Terrarien am besten für schattige Bücherregale oder Nachttische. Allerdings brauchen sie schon ein bisschen Tageslicht und sollten nicht in die hinterste Ecke des Hauses verbannt werden.

Pflanzen in und unter Glas zu halten, ist kurioserweise befriedigend. Wir haben das Gefühl, einen anderen Kosmos en miniature zu erschaffen, mit Bildern Geschichten zu erzählen, die uns in die unbeschwerte Zeit der Märchen unserer Kindheit zurückversetzen. Dieses magische Gefühl wird noch gesteigert, wenn man Terrarien mit Kristallen (chemisch inaktive Formen wie Quarz oder Pyrit wählen) oder Fundstücken dekoriert.

Bei der Wahl des Gefäßes bietet sich alles an, was einem gefällt, angefangen von Apothekergefäßen oder einer Glasglocke bis hin zu kleinen oder großen Aquarien. In den verschlossenen oder halb verschlossenen Gefäßen erhöht sich die Luftfeuchtigkeit und schafft eine eigene Biosphäre. So können auch empfindlichere tropische Pflanzen in der Wohnung gedeihen. Wir raten davon ab, Kakteen oder Sukkulenten unter Glas zu halten, da sie unter der ständig hohen Feuchtigkeit irgendwann zu faulen beginnen.

Vor dem Bepflanzen das Gefäß gründlich reinigen, um Schimmelbildung durch vorhandene Bakterien zu vermeiden. Falls Sie desinfizieren, das Gefäß anschließend gründlich ausspülen und einige Tage im Freien stehen lassen, damit die Pflanzen durch die Chemikalien keinen Schaden nehmen.

Bei sich nach oben hin verjüngenden Gefäßen kann man zweckentfremdete Küchenutensilien wie Stäbchen mit einer Kork- oder Stoffspitze oder einen Spieß verwenden, um die Pflanzen zu stützen und zu reinigen, sobald sie am richtigen Platz stehen. Ein Löffel lässt sich provisorisch als Spaten und eine Gabel als Rechen beim Düngen verwenden. Für uns hat sich ein langer Holzlöffel als das nützlichste Werkzeug erwiesen, denn mit dem abgerundeten Ende kann man Erde und Steine an schwer zugängliche Stellen schieben und mit der Spitze des Stiels kleine Löcher bohren und die Erde an die richtige Stelle drücken.

Am besten wählt man Pflanzen, die unter indirektem Licht gedeihen, wie etwa der Dreieckige Frauenhaarfarn *Adiantum raddianum*, die Eingehüllte Kanonierblume *Pilea involucrata*, der Kriech-Steinbrech *Saxifraga stolonifera*, der Pellefarn *Pellaea rotundifolia*, die Vietnamesische Kanonierblume *Pilea cadierei* oder das Punktblatt *Hypoestes phyllostachya*. Hier sollte man jeweils Dreiergruppen mit der größten Pflanze in der Mitte arrangieren und sie als Kontrast mit einer Reihe anderer Sorten unterschiedlicher Größen kombinieren.

Sie sollten keine Pflanzen aus freier Natur verwenden, da diese mit Bakterien und Insekten befallen sein könnten, die sich unverhofft in Ihrem kleinen Paradies einnisten. Eine große Auswahl Terrariumpflanzen findet man meist im Gartencenter und Pflanzenfachhandel. Lesen Sie sich die Pflegehinweise durch und treffen Sie eine Auswahl von miteinander harmonierenden Pflanzen. Das Terrarium sollte nicht überladen sein, da die Pflanzen Platz zum Wachsen brauchen.

Gehen Sie genauso vor wie bei normalen Zimmerpflanzen: Sorgen Sie für gleichbleibende Licht- und Luftfeuchtigkeitsverhältnisse rund um das Terrarium und meiden Sie Plätze in der Wohnung mit großen Temperaturschwankungen. Falls sich im Terrarium Kondenswasser bildet, stellen Sie es an einen kühleren Platz mit weniger direktem Lichteinfall.

Aufgrund ihrer Pflegeleichtigkeit und des geringen Platzbedarfs eignen sich Terrarien gut für den Nacht- oder Schreibtisch mit wenig direktem Sonnenlicht – an diesen Standorten erinnern sie an ferne Länder und sind glücklich, wenn sie sich selbst überlassen werden, während Sie auf Abenteuertour in der wilden Natur unterwegs sind.

GLASGEFÄSS
TERRARIUMPFLANZEN
ERDE FÜR ZIMMERPFLANZEN
KIESELSTEINE
AKTIVKOHLE

HOLZLÖFFEL
DEKOMATERIAL
GARTENHANDSCHUHE

### 01

Ziehen Sie Gartenhandschuhe an. Beginnen Sie mit der Grundlage, indem Sie als unterste Schicht ca. 2,5 Zentimeter Kies in das Terrarium geben – das dient als Drainage und fördert die Feuchtigkeitszirkulation. Eine dünne Schicht Aktivkohle auftragen und in den Kies einarbeiten, um stehendes Wasser und Pilzbildung zu vermeiden.

### 02

Eine Schicht Erde hinzufügen – die Höhe hängt von der Größe des Pflanzgefäßes und der Pflanzen ab. Als Faustregel gilt: ca. fünf Zentimeter sind bei ziemlich kleinen Pflanzen ausreichend. Die Erde mit dem Finger glatt streichen und leicht andrücken, um Lufteinschlüsse zu entfernen.

### 03

Mit dem Finger an der Stelle, wo die erste Pflanze eingesetzt werden soll, eine Vertiefung in die Terrariumserde drücken. Nehmen Sie die erste Pflanze aus dem Topf, lösen Sie vorsichtig die Erde im Wurzelbereich und stecken Sie sie in die Vertiefung. Halten Sie sie mit einer Hand aufrecht und drücken etwas Erde an, um sie zu stabilisieren. Achten Sie darauf, dass sich an den Wurzeln keine Lufteinschlüsse befinden.

### 04

Jetzt kommt der Holzlöffel für die weitere Zugabe von Erde zum Einsatz. So viel Erde auftragen, bis die Wurzeln bedeckt sind – nur Stängel und Blätter sollten frei bleiben. Vorsichtig arbeiten, um die Wurzeln nicht zu schädigen. Sobald die Pflanze festen Stand hat, Schritt 03 wiederholen, bis alle Pflanzen am gewünschten Platz stehen.

### 05

Reinigen Sie das Innere des Glasgefäßes mit einem sauberen Tuch und wischen Sie die Pflanzenblätter mit einem Tuch oder einer weichen Bürste vorsichtig ab. Rund um die Pflanzen mit einer Sprühflasche oder einer Pipette leicht wässern.

### 06

Das Arrangement mit getrockneten Flechten, Kristallen oder Steinen dekorieren. Empfindlichere Pflanzen lassen sich mit Steinen stabilisieren. Mit kleinen Spiegelglasscherben verleihen Sie Ihrer Miniaturwelt einen weiteren Blickfang.

TERRARIEN BRAUCHEN WENIGER WASSER ALS ZIMMERPFLANZEN IN TÖPFEN. JEDOCH SOLLTE MAN WÄSSERN, WENN SICH DIE OBERFLÄCHE DER ERDE TROCKEN ANFÜHLT. DAZU MIT DEM FINGER DIE FEUCHTIGKEIT IN DER ERDE PRÜFEN. SIEHT DIE PFLANZE VERDORRT ODER WELK AUS, SIE VORSICHTIG HERAUSZIEHEN UND DURCH EINE NEUE ERSETZEN. DAMIT SIE WIEDER FRISCH AUSSIEHT, BRAUNE BLÄTTER ABSCHNEIDEN UND ZU LANGE STIELE ZURÜCKSCHNEIDEN.

# PFLANZEN-
# PFLEGE

*einpflanzen & umtopfen in handgemachte Töpfe*
*mit selbst hergestellter Erde & Dünger*

Pflanzen haben etwas Entschleunigendes an sich. Ihre ursprünglichen Eigenschaften erden uns. Zugleich erfordert ihre Vielschichtigkeit bewusste Zuwendung und erinnert uns an die kleinen Dinge im Leben und unser angeborenes Bedürfnis nach Hege und Pflege.

Es lohnt sich, ein vitales Geschöpf gedeihen zu sehen, und wir haben zahlreiche unserer Pflanzen als quicklebendige Wesen erlebt, jedes mit einer eigenen Persönlichkeit. Mal ergoss eine Minisukkulente beim kleinsten Stupser anzüglich einen Sprühregen aus ihren bauchigen Blättern, während eine andere jahrelang keine Regung zeigte, um dann eines Tages so urplötzlich aufzublühen, dass uns fast das Brot aus der Hand fiel. Es ist dieser einzigartige Charme, der einem Freude am Leben mit Pflanzen bereitet, doch zu wissen, wie man mit jeder einzelnen umgehen muss, kann entmutigend sein.

Sobald eine Pflanze den passenden Standort hat, beginnt sie zu wachsen und breitet sich gezielt aus. Kakteen wenden sich zur Lichtquelle hin. Andere Zimmerpflanzen wie Kletterlianen bilden schon mal Luftwurzeln, um Halt für die Eroberung neuer Territorien zu finden. Zu diesem Zeitpunkt lässt sich das Wachstum einer Pflanze am besten beeinflussen, sei es durch Rückschnitt, Beibehaltung der Form oder Wildwuchs.

Für alle Vorlieben gibt es in diesem Kapitel praktische Tipps, um Wachstum und Gesundheit anzuregen. Hier finden Sie auch die wichtigsten Zutaten und einfaches Rüstzeug, um sich die Hände schmutzig zu machen und Ihre Pflanzen Jahr um Jahr gedeihen zu lassen – vom passenden Übertopf über die selbst gemachte Substratmischung bis hin zur Herstellung von leichten Beton- und Kokosfasertöpfen.

# WAHL DES
# PFLANZGEFÄSSES

Auch wenn der normale Plastiktopf, in dem Sie Ihre Pflanzen wahrscheinlich kaufen, praktisch ist, ist er wenig inspirierend. Selbst eine flüchtige Recherche nach interessanteren Gefäßen dürfte eine Vielzahl an Formen hervorbringen, in die man seinen Plastiktopf hineinstellen oder charakterstarke Pflanzen umtopfen kann.

Wenn wir eine Reihe von Pflanzen kombinieren, suchen wir Töpfe in verschiedenen Farben, Formen und Strukturen aus und verleihen jeder Pflanze damit ihren eigenen Look. Die üblichen Pflanzgefäße kann man im Dekoladen oder im örtlichen Gartencenter kaufen. Doch auf der Jagd nach etwas ganz Besonderem begegnen einem vielleicht interessante und erschwingliche Alternativen in Second-Hand-Läden, auf Flohmärkten oder Antiquitätenmessen.

Wenn Sie den Plastiktopf entfernen und die Pflanze direkt umtopfen wollen, ist das Drainageloch sehr wichtig. Darüber kann überschüssiges Wasser ablaufen – ohne Drainageloch sind die Wurzeln durchnässt und beginnen zu faulen. Zudem spielt das Material des Topfes eine große Rolle für die Gesundheit der Pflanze (siehe unten). Sollten Sie sich einmal für einen Übertopf ohne Drainageloch begeistern, platzieren Sie einfach den ursprünglichen Topf auf einer Schicht Kiesel, damit die Wurzeln der Pflanze nicht im Wasser stehen.

### KUNSTSTOFF

Einfach zu beschaffen und billig; diese zuverlässigen Gefäße speichern die Feuchtigkeit über lange Zeit. An ihrer Unterseite haben sie entsprechende Drainagelöcher, sodass das Wasser ablaufen kann. Es gibt sie in vielen verschiedenen Größen. Dies erweist sich beim Umtopfen als nützlich, wenn man nur einen unwesentlich größeren Topf wählen möchte. Doch aufpassen: Da sie manchmal sehr dünn sind, sind sie nicht für größere und schwere Pflanzen geeignet.

### UNGLASIERTE TONTÖPFE

Einfach, aber zuverlässig ist der traditionelle Terrakottatopf aufgrund seiner vielfältigen Einsatzmöglichkeiten immer noch der Favorit des modernen Indoor-Gärtners. Das poröse Material ist perfekt für Kakteen und sonstige Sukkulenten geeignet, denn es kann Feuchtigkeit aufsaugen und überschüssiges Wasser verdunsten lassen. Terrakotta begünstigt ebenfalls die freie Sauerstoffzirkulation rund um die Wurzeln. Das fördert die Entwicklung der Pflanze und dämmt Fäulnis ein.

Nass sind die Töpfe jedoch sehr schwer und schlecht zu reinigen. Sie eignen sich aber gut für größere Pflanzen, die einen guten Halt brauchen, um aufrecht zu stehen. Vor dem Umtopfen wässert man Terrakottatöpfe über Nacht in frischem Wasser, damit sie der neuen Erde nicht zu viel Wasser entziehen.

## ÜBERTOPF

Den Begriff verwendet man zur Beschreibung eines Topfes ohne Drainageloch. Er ersetzt nicht das ursprüngliche Pflanzgefäß, sondern kaschiert es. Wählen Sie einen Übertopf, der nur wenige Zentimeter größer ist als der ursprüngliche Topf, damit die Pflanze nicht kippt. Dem Design eines Übertopfes sind keine Grenzen gesetzt, angefangen von ungewöhnlichen Keramiktöpfen bis hin zu antiken Kupferschalen. Wichtig ist nur, dass der Übertopf wasserdicht ist und dass überschüssiges Wasser einige Stunden nach dem Gießen ausgeleert wird, damit die Wurzeln nicht in einer Lache stehen.

## PFLANZTASCHEN

Seit Kurzem verwenden wir diese Töpfe aus atmungsaktivem Gewebe für unsere Zimmerpflanzen. Anders als Kunststoff- oder Keramiktöpfe, die die Wurzelfunktion einer Pflanze einschränken können, sobald sie sich am Innenrand entlangschlängeln, begünstigt dieses innovative Material das Wachstum der Wurzeln durch die Gefäßwand hindurch. Trockene Luft und Licht von außen stoppen das Wachstum und führen zur Bildung von Seitenwurzeln in der Erde. Dieser natürliche „Wurzelschnitt" verhindert, dass die Wurzeln an der Topfinnenseite ringförmig entlangwachsen (Ringwurzelbildung). Stattdessen findet ein effektiveres Wurzelwachstum im Topf selbst statt. Mit dieser Methode braucht man den Topf nicht mehr entfernen und ersetzen, sondern kann eine kleine Pflanztasche direkt in eine größere einsetzen und die äußeren Wurzeln weiterwachsen lassen. So eignen sie sich gut für die Vermehrung, denn die Wurzeln von Jungpflanzen sind sehr fragil und werden leicht zerstört.

Die biologisch abbaubaren Pflanzcontainer aus Recyclingfaser-Gewebe müssen auf einen Unterteller gestellt werden. Überschüssiges Wasser läuft dann ganz normal an der Unterseite heraus. Da sie sehr durchlässig sind, trocknet die Erde schnell aus. Deswegen muss die Gießfrequenz entsprechend erhöht werden.

## SELBSTBEWÄSSERUNGSSYSTEME

Auch wenn sie nicht für alle Pflanzen geeignet sind, kommen diese innovativen Produkte dem auf Pflegeleichtigkeit bedachten Zimmerpflanzenfreund sehr entgegen. Mitunter kann er seine Pflanzen nicht regelmäßig gießen oder hat keinen freundlichen Nachbarn, der die Pflanzenpflege während des Urlaubs übernimmt. Sie sind geeignet für tropische Pflanzen, die eine hohe Luftfeuchtigkeit lieben und optimal unter gleichbleibend feuchten Bedingungen gedeihen. Mit ihrem geringen Gewicht sind die Töpfe leicht zu reinigen, doch steht hier wirklich mehr die Funktion als ein schönes Design im Vordergrund.

---

**REINIGUNG DER TÖPFE** | *Gebrauchte oder zuvor benutzte Töpfe sollten zwischen den Bepflanzungen gereinigt werden, um Infektionen oder Krankheiten zu vermeiden. Die Töpfe 30 Minuten in einer Lösung aus einem Teil Essig und drei Teilen Wasser einweichen und dann gründlich spülen. Poröse Terrakottatöpfe bis zum Umtopfen im Wasser stehen lassen. So bleibt die Feuchtigkeit in der Pflanzerde enthalten.*

# EINFACHER DIY-KOKOS- UND BETONTOPF

Hat man in die Anschaffung einer neuen Pflanze investiert, ist es nicht immer leicht, den richtigen Topf für die einzigartige Persönlichkeit der Pflanze zu finden. Egal, ob die Wahl auf Metall, Holz, Keramik oder Beton fiel, stellten wir fest, dass die Beziehung zwischen organischen und vom Menschen geschaffenen Prozessen eine enorme Inspiration darstellt. Die Zartheit einer blühenden Pflanze als Gegenpol zu der robusten, markanten Beschaffenheit eines handgemachten Betontopfes kreiert eine wundervolle Balance und ist mit ein paar Materialien für Jedermann zu Hause leicht zu bewerkstelligen.

Unsere leichten Kokos- und Betontöpfe sind das Ergebnis eines der Experimente, die Rose durchgeführt hat. Sie probierte verschiedene Betonmischungen aus, die einerseits stabil sein mussten, aber vom Gewicht her die Leute nicht abschrecken sollten, sie an unserem Marktstand zu kaufen. Durch das Vermischen verschiedener Aggregate mit dem Zement fand sie heraus, dass die Töpfe zwar länger zum Aushärten und Trocknen benötigten, dafür aber leichter und sehr viel individueller sind.

Ein guter Freund riet uns, als Alternative zu Torfmoos – ein Material, dessen Gewinnung umweltschädlich ist und das in leichteren Betonmischungen verwendet wird – Kokosfasern zu verwenden, die aus der äußeren Schale der Kokosnuss gewonnen werden. Nach dem Polieren sorgt der Anteil an Kokosfasern für eine wunderschön melierte Oberfläche und bildet zusammen mit dem Vermiculit eine tolle Struktur und ein überraschend leichtgewichtiges Finish.

Mit dieser Grundanleitung lässt sich ein leichter Topf in kleinen und großen Formen herstellen. Das Aushärten dauert ein bisschen länger als bei einem normalen Betontopf, aber dafür ist er genauso stabil.

Suchen Sie zu Beginn innere und äußere Gussformen ähnlicher Form aus, deren Größe sich um einige Zentimeter unterscheidet – so erhält man eine gerade Topfwand. Wählen Sie als äußere Form ein Plastikgefäß mit Deckel, um den anfallenden Schmutz und Staub so gering wie möglich zu halten. Dann können Sie die Materialien einfach bei geschlossenem Deckel schütteln und mischen. Nehmen Sie keine äußeren oder inneren Formen aus Metall, Glas oder starrem Kunststoff oder solche mit abgerundeten Kanten, da diese nach dem Aushärtungsprozess manchmal schwer zu lösen sind.

Möchten Sie die Pflanze direkt in den Topf setzen, bohren Sie nach dem vollständigen Aushärten ein kleines Drainageloch in den Boden. Entfernen Sie den Staub vom Topf, indem Sie ihn gut ausspülen. Alternativ stellen Sie einfach den Plastiktopf in den Betontopf, damit das Wasser nach dem Gießen ablaufen kann.

Falls Sie die Töpfe nicht im Freien herstellen können, wählen Sie einen gut durchlüfteten Raum, wo auch mal etwas verschüttet werden darf, und tragen Sie bei der Arbeit Handschuhe. Bevor Sie beginnen, achten Sie darauf, dass der Topf auf einer ebenen Fläche aushärten kann, damit er später nicht wackelt. Es sei denn, Sie möchten genau diesen Effekt erzielen.

## WERKZEUGE UND MATERIALIEN

ÄUSSERE UND INNERE FORM
HANDSCHUHE & STAUBSCHUTZMASKE
LÖFFEL
STOFFLAPPEN ODER EIN
ALTES KÜCHENHANDTUCH
SPLITT ODER SAND
PLASTIKTÜTE

SKALPELL ODER SCHARFES MESSER
EIN TEIL GRAUER ODER
WEISSER PORTLANDZEMENT
EIN TEIL VERMICULIT ODER PERLIT
EIN TEIL KOKOSFASERN
DREI TEILE WASSER

### 01

Staubmaske aufsetzen und Handschuhe anziehen. Zement, Vermiculit und Kokosfasern zu gleichen Teilen in der äußeren Form mischen – so viel Material verwenden, dass das Gefäß halbvoll ist. Falls die äußere Form einen Deckel hat, diesen auflegen, mit einer Hand gut festhalten und schütteln. Anderenfalls die Zutaten mit einem Löffel vermischen, bis sich eine homogene Masse bildet.

### 02

Der Mischung etwa zwei Drittel des Wassers zugeben und bei verschlossenem Deckel gut schütteln oder verrühren. Das übrige Wasser so lange zugeben, bis die Konsistenz der Mischung der körnigen Struktur von Hüttenkäse ähnelt. Restliches Wasser wegschütten.

### 03

Splitt oder Sand zur Stabilisierung in die innere Form geben. Die innere Form in die Mischung drücken, um die Innenseite des Topfes zu formen. Drückt sich die Mischung bis zum Rand der inneren Form hoch, ein wenig Masse entfernen, sodass mindestens zwei Zentimeter bis zum oberen Rand frei sind. Die innere Form so ausrichten, dass sie mit dem oberen Rand der äußeren Form plan ist. Die Staubmaske können Sie jetzt abnehmen.

### 04

Vor dem Aushärten eventuelle Luftblasen entfernen, indem Sie mit der Unterseite der Form auf einen Tisch oder eine andere Unterlage klopfen. So erhält man eine glattere Oberfläche. Wenn kleine Luftlöcher und Unregelmäßigkeiten auf der Oberfläche des Topfes gewollt sind, können Sie darauf verzichten. Den Topf in eine Plastiktüte wickeln und 48 Stunden aushärten lassen. Nach dem Aushärten aus der Tüte nehmen und den Rand betasten: er sollte fest sein, aber noch leicht feucht. Wenn er sich bröselig anfühlt, den Topf wieder in die Tüte stellen und noch einige Stunden aushärten lassen.

### 05

Ist der Topf fertig, zuerst den Splitt oder Sand ausschütten und anschließend die innere Form entfernen, indem Sie den Rand zusammendrücken oder einschneiden und die Form mit etwas Kraft herausziehen. Um den Betontopf aus der äußeren Form zu entfernen, stellen Sie ihn auf den Kopf und drücken Sie kräftig mit dem Handballen oder Fuß dagegen, sodass er sich löst. Alternativ den Kunststoff vorsichtig mit einem Messer oder Skalpell ablösen.

### 06

Den Topf auf einen Lappen oder ein Handtuch stellen und auf einer wasserabweisenden Fläche mindestens zwei Wochen lang aushärten lassen.

**NACH DEM AUSHÄRTEN DIE OBERFLÄCHE DES TOPFES LEICHT MIT SANDPAPIER POLIEREN, UM DIE BESONDERHEITEN DER MATERIALMISCHUNG BESSER ZUR GELTUNG ZU BRINGEN.**

# UMTOPFEN

Pflanzen und Wachstum sollten Hand in Hand gehen. Obwohl eine Pflanze es über lange Zeit aushält, im selben Topf zu stehen, nimmt ihre Gesundheit und Vitalität zusehends ab, wenn die Wurzeln auf Dauer nicht genügend Platz haben. Wurzeln sind für die Gesundheit und das Wachstum wichtig: Sie dienen als Anker und versorgen die Stängel mit Wasser und Nährstoffen. Eingezwängt in einem zu kleinen Topf wird die weitere Entwicklung der Pflanze garantiert behindert, da die Wurzeln schlicht und ergreifend keinen Platz mehr haben. Als Lösung bietet sich hier das Umtopfen an – ein Vorgang, der das erstmalige Einpflanzen einer Jungpflanze in den geeigneten Topf oder das Versetzen einer Pflanze von einem vorhandenen Topf in einen größeren bezeichnet. Verschafft man den Wurzeln einen größeren Freiraum und die Möglichkeit, mehr Nährstoffe und Wasser aufzunehmen, so regt dies die Wurzelbildung aktiv an. Die Pflanzen werden schneller wachsen und sich kräftiger entwickeln, sodass sie vitaler und gesünder aussehen.

Um festzustellen, ob eine Pflanze umgetopft werden muss, sollten Sie auf externe Anzeichen für einen zu kleinen Topf achten, z. B. wenn die Wurzeln aus den Drainagelöchern herauswachsen, der Topf verbeult ist oder die Gesundheit der Pflanze nachlässt. Um definitiv zu entscheiden, ob eine Pflanze einen größeren Topf benötigt, müssen Sie die Wurzeln ein wenig genauer in Augenschein nehmen.

Welche Methode man zum Prüfen der Wurzeln wählt, richtet sich nach der Pflanzenart. Bei tropischen Pflanzen oder Blattsukkulenten hält man die Pflanze zwischen den Fingern unten an der Stelle, wo die Sprossachse die Erde trifft (Finger spreizen und den Handrücken auf die Erde legen). Dann den Topf auf den Kopf stellen und die Pflanze entnehmen. Falls sie feststeckt, leicht auf die Topfunterseite klopfen. Da sie ihre Wachstumsquelle auffüllen wollen, fangen zu groß gewordene Wurzeln an, sich unten im Topf zu schlängeln und einen Pfropf zu bilden: Das passiert, wenn eine Pflanze „am Topf klebt" und ihre Wurzeln empfindlich auf Feuchtigkeit und Temperatur reagieren. Außer ein paar Sorten wie der Lanzenrosette (die das Umtopfen hasst), leiden die meisten, wenn dieser Zustand von Dauer ist.

Die oben beschriebene Methode lässt sich auch verwenden, um zu prüfen, ob ein Kaktus umgetopft werden muss. Dabei sollte man aber dicke Handschuhe anziehen oder mit zusammengewickeltem Zeitungspapier arbeiten, um sowohl die Hände als auch die Pflanze zu schützen. Lässt sich die Pflanze nicht leicht aus dem Topf nehmen, stechen Sie mit einem Bleistift durch das Drainageloch des Topfes und lockern damit die Erde. Einen Kunststofftopf kann man alternativ dazu leicht in sich verdrehen. Dadurch lässt sich die Pflanze oft mit wenig Kraft entnehmen. Sind die Wurzeln noch nicht zu sehen und die Erde sieht locker und frisch aus, den Topf wieder sorgfältig einsetzen und mit der normalen Pflege fortfahren. Sind dagegen die Wurzeln klar erkennbar oder haben unten im Topf einen weißen Pfropf gebildet und nur noch wenig Erde, ist es an der Zeit, sie umzutopfen.

---

**HINWEIS ZUM TOPDRESSING** | *Bei großen Topfpflanzen oder empfindlicheren Arten, die nicht gestört werden dürfen, die obere Erdschicht entfernen und jedes Frühjahr mit frischer Erde auffüllen. So bekommt die Pflanze neue Nährstoffe, ohne dass sie stark beansprucht wird.*

Die günstigste Zeit für das Umtopfen von Zimmerpflanzen ist im beginnenden Frühjahr, wenn die Wachstumsperiode beginnt. In dieser aktiven Zeit können die Wurzeln Wasser und Nährstoffe besser aufnehmen und die Entstehung von fäulnisbildender Feuchtigkeit verhindern. Das Umtopfen ist eine gute Möglichkeit, alte nährstoffarme Erde zu entfernen und die Pflanze mit frischen, wachstumsfördernden Nährstoffen zu versorgen.

Bevor Sie die Pflanze umtopfen, überlegen Sie, welchen Topf Sie verwenden möchten und reinigen Sie ihn vorher gründlich (Tipps zur Wahl des richtigen Topfes und zur Vorbereitung finden Sie auf Seite 75/76). Für die optimale Gesundheit der Pflanzen muss das Wasser ungehindert durch den Topf laufen können. Daher sollte man unbedingt einen Topf mit einem Drainageloch an der Unterseite verwenden. Pflanzen schmollen geradezu, wenn sie gegenüber dem bisherigen in einen viel zu großen Topf versetzt werden, da die überschüssige Erde eventuell wassergesättigt ist und die Wurzeln der Pflanze faulen lässt. Deswegen sollte man immer nur einen Topf wählen, dessen Durchmesser zwei bis vier Zentimeter größer ist als der Wurzelballen.

**01**   Die Pflanze aus dem Topf nehmen und die Erde auf Anzeichen von Schädlingen oder Fäulnis prüfen. Faule Stellen und gepresste Erde vorsichtig entfernen und entsorgen. Dabei darauf achten, dass die Wurzeln nicht verletzt werden. Vorsichtig die Pflanzerde abreiben, überschüssige Erde abschütteln und die Wurzeln auseinanderziehen, um die Erde zu lösen. Die Pflanze auf einer sauberen Oberfläche auf die Seite legen, ohne dass die Blätter abknicken.

**02**   Hat der neue Topf nur ein Drainageloch, unten im Topf eine Terrakottascherbe, etwas Vlies oder Zeitungspapier platzieren, damit die neue Erde beim Wässern nicht unten herausrutscht. Ein Kunststofftopf mit vielen Löchern benötigt keine Drainageschicht und die Pflanze kann direkt eingetopft werden.

**03**   Eine Schicht Pflanzerde zugeben (diese können Sie nach unserem Rezept auf Seite 91 selbst herstellen oder Ihre bevorzugte Pflanzerde aus dem Handel verwenden). Ausreichend Erde zufügen, damit die Pflanze festen Halt hat; Stängel und Erde sollten bis ca. zwei Zentimeter unter den Topfrand reichen.

**04**   Die Pflanze vorsichtig in den Topf stellen. Mit einem Löffel oder einer kleinen Kelle die frische Pflanzerde gleichmäßig über den Wurzelenden verteilen, bis die Pflanze guten Halt hat. Zum Wässern zwei Zentimeter unter dem Rand frei lassen. Mit dem Topf leicht auf die Arbeitsfläche klopfen, damit sich die Pflanzerde gleichmäßig verteilt. Nicht zu fest andrücken.

**05**   Zum Schluss die Pflanze von unten wässern, indem Sie sie in eine Schüssel mit Wasser stellen. So viel Wasser aufsaugen lassen, bis sich die oberste Schicht feucht anfühlt. Dann aus dem Wasser nehmen und ablaufen lassen. Tropische Pflanzen in der ersten Woche nach dem Umtopfen an einen schattigen Platz ohne direkte Sonne stellen, damit sie sich an die neue Umgebung anpassen. Die Blätter täglich besprühen, falls diese zu welken beginnen. Bei Kakteen und Sukkulenten die Pflanzen anschließend für ein bis zwei Wochen oder länger nicht mehr gießen, falls Sie das Gefühl haben, dass die Wurzeln während des Umtopfens beschädigt wurden.

# WAHL DER
# PFLANZERDE

Bei der Pflege von Zimmerpflanzen kommt es entscheidend auf die Wahl der richtigen Pflanzerde an. Da der pH-Wert und die Drainage in Bezug auf die Gesundheit verschiedener Spezies eine wichtige Rolle spielen, muss die Erde wesentliche Nährstoffe sowie die richtige Menge an Feuchtigkeit liefern und locker genug sein im Hinblick auf die Durchlässigkeit von Wasser und Sauerstoff sowie ein gesundes Wurzelwachstum.

Für die meisten blättrigen Zimmerpflanzen eignet sich Allzweckerde. Diese ist jedoch oft mit Dünger und feuchtigkeitsspeichernden Inhaltsstoffen angereichert, die keinen adäquaten Nutzen für Kakteen und Sukkulenten bieten, da sie nicht deren natürlichen Lebensraum nachbilden. Kakteenerde kann man einfach im Gartenfachhandel kaufen. Sie ist mit Inhaltsstoffen wie Sand angereichert, was die Drainage fördert.

Allerdings enthalten die meisten handelsüblichen Pflanzerden einen Inhaltsstoff namens Torfmoos. Wir lehnen diesen ab und raten auch unseren Kunden davon ab. Torf stammt aus den zersetzen Überresten des sogenannten Sphagnum-Mooses. Er wird im Moor gestochen, hat keinen Nährwert und ist kein nachwachsender Rohstoff, da er Jahrhunderte für seine Entstehung braucht. Der beste Ersatz für Torf sind Kokosfasern, ein Material aus der Schale der Kokosnuss, das wir gerne unseren Pflanzmischungen beifügen. Wir haben sogar begonnen, unsere eigenen Mischungen als preiswerte und nachhaltige Alternative zu Produkten auf Torfbasis herzustellen. Auf Seite 91 finden Sie leicht nachzumachende Rezepte dafür, und alle ab Seite 123 aufgeführte Pflanzen enthalten Hinweise zur am besten dafür geeigneten Erde.

Um seinen Pflanzen etwas Gutes zu tun, kann man die Erde also mit verschiedenen Stoffen anreichern. Im Frühling verwenden wir oft ein Produkt mit der Bezeichnung „Charge" von Ecothrive (im Internet bestellbar). Es besteht ausschließlich aus den Hinterlassenschaften biologisch gezüchteter Käfer. Was kann es für eine bessere Art geben, den Pflanzen seine Zuneigung zu zeigen, als ihnen Käfermist zuzuführen? Der Stoff wurde durch die „Soil Association" für den Einsatz im Bio-Anbau anerkannt. Man streut ihn alle paar Monate oben auf die Pflanzerde, die ihn mit jedem Wässern aufnimmt. Flüssigdünger ist ebenfalls eine gute Wahl: Die Pflanzen nehmen ihn rasch auf und werden so blitzschnell mit Nährstoffen versorgt. Unsere Favoriten enthalten fertig erhältliche Naturstoffe wie Beinwell, Brennnessel oder Algen. Siehe alternativ dazu auch die selbst hergestellten Dünger auf Seite 95.

---

**NACH DEM UMTOPFEN** | *Sieht die alte Erde einer Pflanze ganz anders aus als die neue, achten Sie auf den Feuchtigkeitsgehalt der verbleibenden älteren Erde an den unteren Stängeln der Pflanze. Während des Wurzelns und ihrer Ausbreitung braucht diese eventuell mehr Wasser als die übrige Erde – dazu einfach die ältere Erde direkt bewässern.*

# SELBST HERGESTELLTE ERDMISCHUNGEN

## 01

### SUBSTRAT FÜR TROPISCHE ZIMMERPFLANZEN

Diese Erde eignet sich für alle in diesem Buch beschriebenen tropischen Pflanzen. Als Basis dienen Kokosfasern, die als Wasserspeicher fungieren und die Wurzeln so viel Feuchtigkeit aufnehmen lassen, wie sie benötigen. Steinmehl und Wurmhumus enthalten lebenswichtige Mineralien und halten die Pflanze gesund, denn sie geben über lange Zeit Nährstoffe an die Erde ab.

| MATERIAL | TIPP |
|---|---|
| 8 TEILE KOKOSFASERN<br>2 TEILE WURMHUMUS<br>1 PRISE STEINMEHL<br>1 HANDVOLL „CHARGE" VON ECOTHRIVE<br>(IM INTERNET BESTELLBAR) | BEI DER VERMEHRUNG VON TROPISCHEN PFLANZEN NUR 1 TEIL WURMHUMUS VERWENDEN |

## 02

### SUBSTRAT FÜR KAKTEEN & SONSTIGE SUKKULENTEN

Dieses einfache Gemisch begünstigt einen effektiven Wasserablauf: Durch den groben Sand, Splitt oder Perlit kann das Wasser die Erde schnell durchlaufen, was Wurzelfäulnis verhindert. Die Mischung eignet sich auch für die Vermehrung von Kaktus-Ablegern. Eine Tasse halten wir für eine gute Maßeinheit.

| MATERIAL | TIPP |
|---|---|
| 1 TEIL KOKOSFASERN<br>1 TEIL GROBER SAND FÜR DEN GARTENBAU<br>SPLITT ODER PERLIT FÜR DEN GARTENBAU<br>(3–4 MM) | DIE BRITISCHE KAKTEEN- UND SUKKULENTENGESELLSCHAFT EMPFIEHLT KATZENSTREU ALS PREISGÜNSTIGE ALTERNATIVE ZU PERLIT, WOBEI EINE STAUBFREIE UND NICHT KLUMPENDE SORTE GEWÄHLT WERDEN SOLLTE. |

# SELBST GEMACHTER BRENNNESSEL-DÜNGER

Nichts kann einen auf seiner Indoor-Garten-Reise mehr beflügeln als eine blühende Zimmerpflanze – und mit ein wenig Dünger (fest oder flüssig) lässt sich das Wachstum und Gedeihen der Pflanzen während ihrer aktiven Wachstumsperiode effektiv fördern. Diese Zusatzstoffe werden bei der Pflanzenpflege oft außer Acht gelassen. Auf kurze Sicht mag das gutgehen, aber wer seinen Pflanzen ein bisschen mehr Hege und Pflege zukommen lassen möchte, wird bald mit glücklichen, gesunden Blühern belohnt.

Die meisten Universal-Pflanzerden aus dem Handel enthalten genug Dünger, um Pflanzen etwa sechs Wochen lang zu nähren. Daher sollte man etwa sechs Wochen nach dem Umtopfen mit dem Düngen beginnen. Die Häufigkeit des Düngens hängt von der Pflanzenart ab; sie ist für die einzelnen Pflanzen in den Steckbriefen (Kapitel „Das Pflanzenhaus" ab S. 123) beschrieben. Die Pflanzen sollten jedoch nicht überdüngt werden, denn dagegen werden sie sich wehren! Insbesondere Kakteen und Sukkulenten hassen ein Überangebot an Nährstoffen und reagieren auf den Übereifer, indem sie weich, fleischig und krankheitsanfällig werden.

Im Folgenden zeigen wir Ihnen, wie Sie Ihren eigenen Dünger mit Brennnesseln aus der Natur herstellen. Zwar sieht man sie als Unkraut an, doch wachsen sie häufig in Gegenden, wo die Erde einen hohen Stickstoffgehalt hat, den sie beim Wachsen zusammen mit weiteren Mineralien aufnehmen. Als Dünger ist dieses nährstoffreiche Unkraut eine gute Nahrungsquelle für andere Pflanzen, denn er versorgt die Wurzeln mit Mineralien wie Stickstoff, Eisen, Zink und vielen wichtigen Spurenelementen.

FRISCH GESCHNITTENE BRENNNESSELN
REGENWASSER ODER ANDERES UNGECHLORTES WASSER
GARTENHANDSCHUHE
EIMER
GEWICHT (Z. B. EINEN ZIEGELSTEIN)
AUFBEWAHRUNGSBEHÄLTER

## 01

Brennnesseln pflücken, etwa so viele, dass der Boden des Eimers gut bedeckt ist (je größer der Eimer, desto mehr Dünger können Sie herstellen). Die jungen Triebe eignen sich am besten, da sie leichter aufbrechen. Tragen Sie vorsichtshalber dicke Handschuhe, da die Brennnesseln Hautreizungen verursachen.

## 02

Die Stiele und Blätter mit den behandschuhten Händen zusammenpressen und auf dem Boden des Eimers aufschichten. Fest andrücken. Dadurch werden die Brennnesseln gründlich zerquetscht und brechen so schnellstmöglich auf.

## 03

Das Gewicht auf die zerstoßenen Brennnesseln legen, damit sie fest im Eimer liegen bleiben. Dafür können Sie ein beliebiges schweres Material verwenden, das Sie gerade zur Hand haben wie einen Ziegelstein, ein Stück Steinplatte oder mit Steinen gefüllte Behältnisse.

## 04

Die Brennnesseln im Eimer vollständig mit Wasser bedecken. Dabei genügend Platz bis zum oberen Rand lassen, da die Masse beim Gären schäumt. Den Eimer im Schatten unter ein Dach ins Freie stellen. Alle paar Wochen den Fortschritt prüfen und gelegentlich umrühren. Beim Aufbrechen entwickeln die Brennnesseln einen beißenden Geruch und sollten deshalb etwas vom Haus entfernt stehen.

## 05

Sobald die Masse aufhört, Blasen zu bilden (nach etwa einem Monat), ist sie fertig. Die nährstoffreiche Flüssigkeit aus dem Eimer durch ein Sieb in ein sauberes Gefäß umfüllen. Die Brennnesseln im Eimer können entsorgt werden oder mit frischen Brennnesseln aufgefüllt und erneut mit dem Gewicht beschwert werden, wenn Sie noch mehr Dünger herstellen möchten.

## 06

Für den fertigen Dünger die vergorene Flüssigkeit verdünnen: mit einem Teil Brennnesseldünger auf zehn Teile frisches Wasser. Den Dünger an einem kühlen, dunklen Platz aufbewahren. Das Dünger-Wassergemisch immer sofort herstellen, da die vergorene Flüssigkeit unverdünnt einen beißenden Geruch ausströmt. Die fertige Mischung können Sie im Frühling und Sommer zur Düngung der Zimmerpflanzen verwenden – dafür jeweils ein wenig in die Gießschale füllen. Die hergestellte Menge sollte für die ganze Saison reichen.

WER VERSCHIEDENE FLÜSSIGDÜNGER HERSTELLEN MÖCHTE, KANN ALS
ALTERNATIVE ZUR BRENNNESSEL GERNE AUCH BEINWELL, FARNKRAUT, CHICORÉE,
KLEE ODER ERDBEERBLÄTTER VERWENDEN, DIE ALLESAMT IM FRÜHLING ODER
SOMMER ZU FINDEN SIND.

# PFLANZEN VERBREITEN

*Stecklinge, Teilung, Ableger*

Wir alle haben unsere persönlichen Favoriten unter den Zimmerpflanzen: Jene, die wir geerbt haben, diejenige, die eine lange Reise überstanden hat, vielleicht der launische Kaktus oder eine Pflanze, die wir gerettet und aufgepäppelt haben. Es ist geradezu unglaublich, wie man mit ein wenig Geduld und praktisch kostenlos die meisten Zimmerpflanzen vermehren und neue, vertraute Exemplare großziehen kann.

Die Vermehrung eignet sich hervorragend, um Kindern das Wunderwerk Natur zu erklären: Man muss ihnen nur zeigen, wie schön es ist, eigene Pflanzen aufzuziehen. Sie können sie hegen und pflegen und vielleicht später mit Freunden teilen. Für die meisten Methoden braucht man nur wenige Werkzeuge und Materialien, die noch dazu sehr preisgünstig sind und wiederverwendet werden können, wenn der erste Versuch mal nicht gelingt.

Für uns ist das Züchten und Weiterverbreiten unserer Lieblingspflanzen auch eine tolle Möglichkeit, überflüssiger Verschwendung vorzubeugen und Dinge, die uns wichtig sind, wertzuschätzen. Mithilfe der folgenden Vermehrungstechniken können Sie anfangen, eine neue Generation Ihrer Lieblingspflanzen zu kultivieren und zu züchten. Damit vervielfältigen Sie Ihren Bestand (ganz ohne Shopping) und können kreativ, aber vor allem vollkommen nachhaltig experimentieren.

Es gibt zahlreiche Vermehrungsmethoden, sowohl geschlechtlich als auch ungeschlechtlich, die bei bestimmten Pflanzenfamilien funktionieren. Kakteen lassen sich zum Beispiel aus Samen züchten, durch Teilung der Wurzeln oder durch Veredelung aus der Spitze einer Mutterpflanze. Dennoch werden die meisten Zimmerpflanzen in der Wohnung keine Samen produzieren, da sie – weit entfernt von ihrem natürlichen Lebensraum – wohl kaum bestäubt werden. In diesem Kapitel konzentrieren wir uns deshalb auf die unserer Meinung nach schnellsten und effektivsten Methoden.

# VERMEHRUNG

Vermehrung ist die Methode zur Züchtung neuer Pflanzen aus den vorhandenen Mutterpflanzen. Der Vorteil liegt dabei klar auf der Hand: Sie vergrößern Ihre Sammlung und verbreiten neue Pflanzen. Darüber hinaus kann sich die Vermehrung älterer Pflanzen nach dem Rückschnitt als sinnvoll erweisen. Vielleicht kränkelt auch eine Ihrer Lieblingspflanzen im hohen Alter: Wenn dann der noch gesunde Teil vermehrt wird, können Sie den Charme der Pflanze in einem neuen Zögling wieder aufleben lassen.

Egal, aus welchem Grund Sie Pflanzen vermehren – es gibt unterschiedliche Methoden, die bei verschiedenen Kakteen, Sukkulenten und tropischen Pflanzen gut funktionieren. Am schnellsten geht es, wenn man einen Teil der Mutterpflanze wie etwa einen Stängel, ein Blatt oder einen Ableger verwendet. Diesen Vorgang nennt man „geschlechtslose" bzw. vegetative Vermehrung, somit ist keine Bestäubung notwendig. Viele Sukkulenten, insbesondere die Fetthenne, werfen ihre Blätter ab, ohne dass Sie nachhelfen müssen. Damit sind sie die idealen Kandidaten für die Vermehrung durch Blattstecklinge.

Die meisten Pflanzensorten lassen sich aus Samen ziehen (oder aus Sporen wie bei Farnen und Moosen). In Innenräumen werden sie allerdings wohl kaum bestäubt werden. Zwar kann man mit Samen aus dem Handel experimentieren, aber ohne die richtige Ausrüstung für die Regulierung von Temperatur und Luftfeuchtigkeit ist das Keimen in der Regel schwierig. Daher haben wir uns in diesem Kapitel auf die vegetative Vermehrung konzentriert, wobei die Saatgutvermehrung der Avocado die einzige Ausnahme bildet. Falls Sie mit anderen Arten der Vermehrung durch Samen experimentieren wollen, beginnen Sie mit Kaktus-, Ficus- und Bromeliensamen.

Der ideale Zeitpunkt für die Vermehrung ist die aktive Wachstumsperiode der Pflanze, üblicherweise also im Frühling und Sommer. Wir empfehlen, die Mutterpflanze einige Monate oder Wochen vor der Vermehrung mit einem organischen Dünger zu versorgen (z. B. unserem selbst gemachten Brennnesseldünger auf Seite 95), damit sie möglichst gesund und widerstandsfähig ist. Jedoch ist das keine Voraussetzung, und die meisten Methoden funktionieren auch ohne die Verwendung von Dünger oder Ergänzungsmitteln.

Bevor Sie die Vermehrung mit einer der folgenden Techniken versuchen, sollten Sie sich informieren, ob Ihre Pflanze für die gewählte Methode geeignet ist. Einige Pflanzen wie etwa Farne lassen sich nicht durch Kopfstecklinge, sondern nur durch Sporen oder Teilung vermehren. Möchten Sie eine der Pflanzen aus dem Kapitel „Das Pflanzenhaus" ab Seite 123 vermehren, lesen Sie zuerst dort nach, denn so finden Sie die jeweils beste Methode.

Luftpflanzen werden in diesem Kapitel nicht behandelt, da sie sich über die Bildung von Ablegern vermehren, die so lange mit der Mutterpflanze verbunden bleiben müssen, bis sie vollkommen ausgewachsen sind. Weitere Infos dazu finden Sie auf Seite 114.

# BLATTSTECKLINGE

*{ Echeverien }*

Viele Pflanzen lassen sich erfolgreich vermehren, indem man eines der Blätter vollständig oder teilweise von der Mutterpflanze abtrennt. Ähnlich wie bei Kopfstecklingen kann die Vermehrung über Blattstecklinge eine Vielzahl neuer Pflanzen hervorbringen. Dafür brauchen Sie lediglich etwas mehr Geduld, denn jedes einzelne Blatt benötigt für die Bildung eines eigenen Wurzelsystems längere Zeit.

Dickfleischige Sukkulenten sind für diese Methode wie geschaffen, denn sie werfen ihre unteren Blätter im Laufe der Zeit ohnehin ab. Bei vielen Arten der Echeverien, Dickblätter und Fetthennen kann man gesunde Blätter vorsichtig abpflücken. Dabei sollte das Blatt vollständig bis zur Sprossachse entfernt werden.

Bei größeren tropischen Pflanzen wie dem Bogenhanf (S. 183) sowie einigen Arten der Kanonierblumen braucht man nur die Blattspitze abzuschneiden und einzupflanzen, schon bildet diese Wurzeln. Eine beliebige flache Schale oder Schüssel mit einer Füllhöhe von gut drei Zentimetern Substrat eignet sich prima als Topf.

Diese Methode können Sie ebenfalls zum „Recyceln" einer Pflanze anwenden, die aufgrund von Lichtmangel oder ihres Alters spindeldürr und unansehnlich geworden ist. Einige Echeverien- und Fetthennenarten werden ziemlich schlaksig, insbesondere wenn sie zu wenig Licht bekommen. In diesem Fall einfach alle gesunden Blätter entfernen und viele neue Zöglinge anhand der Anleitung auf Seite 104 heranzüchten. Sieht die Pflanze am oberen Ende noch gut aus, einfach den oberen Teil abschneiden und wie einen Kopfsteckling behandeln (S. 106).

---

**PLANUNG |** *Bedenken Sie, dass die vermehrten Blätter am Ende die gleichen Bedingungen wie die Mutterpflanze benötigen. Falls Sie diese Methode beispielsweise zur Vermehrung von sonnenliebenden Sukkulenten anwenden, brauchen Sie genügend Standorte mit direktem Sonnenlicht, damit alle Pflanzen gleich viel Sonne abbekommen.*

**01** Für die Herstellung des Substrats zwei Teile Kakteenerde mit einem Teil Sand vermischen (oder Rezept Nr. 02 auf Seite 91 verwenden). Stellen Sie eine ausreichende Menge her, um die Pflanzschale mit einer drei Zentimeter hohen Schicht befüllen zu können. Die Erde vorsichtig festdrücken und die Oberfläche anschließend mit ausreichend Wasser besprühen, sodass sie sich feucht anfühlt.

**02** Die Blätter mit den Fingern jeweils dicht an der Sprossachse der Mutterpflanze abtrennen. Nur gesund aussehende Blätter wählen und welke oder farblose Blätter vermeiden. Bei Echeverien, Dickblättern und anderen dickfleischigen Pflanzen die einzelnen Blätter zur Kallusbildung einige Tage lang an einem warmen und schattigen Platz ruhen lassen, um Fäulnisbildung zu verhindern. Bei tropischen Pflanzen können Sie ohne Pause direkt mit Schritt 03 weitermachen.

**03** Die Blätter einzeln auf dem Substrat platzieren und darauf achten, dass die Schnittstelle zumindest teilweise mit der Erde in Berührung kommt. Bei der Vermehrung tropischer Pflanzen wie dem Bogenhanf (S. 183) müssen Sie das abgeschnittene Ende des Blattstecklings gegebenenfalls in die Erde hineindrücken, damit die Blätter aufrecht stehen und wurzeln können. Die Schale an einen warmen Platz mit indirektem Licht stellen. Sie muss nicht abgedeckt werden, doch prüfen Sie regelmäßig mit dem Finger, ob die Erde leicht feucht ist. Darauf achten, dass die sich entwickelnden Blätter nicht beschädigt werden. Ist die Erde zu trocken, die Oberfläche leicht mit Wasser besprühen.

**04** Nach ungefähr einem Monat bilden sich kleine Wurzeln. Nach einem weiteren Monat kommt eine kleine Blattrosette zum Vorschein. Wenn die Wurzeln lang genug sind, sollten sie mit ein wenig Erde bedeckt werden, um das Wachstum anzuregen.

**05** Wenn die neuen Wurzeln in der Erde Fuß gefasst haben, die Babypflanze vorsichtig mit den Händen oder einem Löffel sowie einem Teil der Erde herausnehmen und in einen kleinen Topf mit Kakteenerde umtopfen.

# KOPFSTECKLINGE

*{ Chinesischer Geldbaum }*

Die schnellste Möglichkeit, den Pflanzenbestand zu vergrößern, ist die Verwendung von Kopfstecklingen. Diese Methode erfordert nur wenig Platz und gelingt bei vielen beliebten Pflanzenfamilien, angefangen von tropischen Blattpflanzen bis hin zu dickfleischigen Sukkulenten. Dabei entstehen nicht nur preisgünstige Kopien Ihrer Lieblingspflanzen, auch die Mutterpflanze profitiert davon. Durch den Rückschnitt von ausgewachsenen Stängeln zur Vermehrung kommt die Ursprungspflanze wieder in Form und ihre jungen Triebe können kräftiger wachsen.

Zu den Pflanzen in diesem Buch, bei denen die Vermehrung über Kopfstecklinge gut funktioniert, zählen die Efeutute (S. 127), der Chinesische Geldbaum (S. 133), das Fensterblatt (S. 147) und der Geldbaum (S. 153). Zudem sind der Drachenbaum, die Gattungen Wolfsmilch, Zitrus und Kaffee sowie viele Sukkulentenarten gut dafür geeignet. Die Mutterpflanze sollte am Vortag vor dem Stecklingsschnitt gut gewässert werden, damit die Stängel beim Schnitt nicht zu trocken sind.

Um bei der Durchführung der auf Seite 108 beschriebenen Schritte die Stecklinge vor dem Austrocknen zu bewahren, zunächst die Pflanzgefäße vorbereiten. Temperatur und Feuchtigkeit lassen sich am besten in einem geschlossenen Behältnis regulieren, bis die Stecklinge zu wurzeln beginnen. Dazu kann man entweder eine handelsübliche Anzuchtschale mit Abdeckhaube verwenden oder eine DIY-Variante wählen: Das obere Ende von einigen Plastikflaschen abschneiden und diese jeweils über die einzelnen Stecklinge stülpen. Alternativ können Sie das Pflanzgefäß in eine Plastiktüte einwickeln. Um einen Feuchtigkeitsverlust zu vermeiden, sollten Sie eine recht große, flache Wanne aus einem nicht porösen Material wie Kunststoff oder Metall verwenden. Diese sollte über Drainagelöcher verfügen, damit überschüssiges Wasser abfließen kann. Sind keine Drainagelöcher vorhanden, hilft eine Schicht Granulat oder Kiesel.

---

**NACH DER VERMEHRUNG |** *Für das Umtopfen der einzelnen Stecklinge einen Topf wählen, bei dem etwa fünf Zentimeter rund um die Wurzelspitzen Platz gelassen werden können. Als Substrat können Sie das Rezept Nr. 01 auf Seite 91 verwenden und die Zugabe des Wurmhumus auf einen Teil verringern. Alternativ kann torffreie Anzuchterde benutzt werden.*

**01**  Zunächst das Substrat herstellen: Kokosfasern und Perlit (oder Vermiculit) zu gleichen Teilen vermischen oder jeweils eine Tasse zu einer handelsüblichen Zimmerpflanzenerde hinzufügen. Die Menge an Substrat sollte ausreichen, um das Pflanzbehältnis mit einer fünf Zentimeter hohen Schicht zu befüllen. Vorsichtig festdrücken und die Oberfläche mit Wasser besprühen, bis sie sich feucht anfühlt.

**02**  Um einen Kopfsteckling zu gewinnen, fünf Zentimeter unterhalb eines Blattknotens (Nodium) am Stängel ansetzen. Den Trieb mit einem sauberen Messer oder einer scharfen Schere abschneiden. Dies verhindert eine Quetschung des Stängels, wodurch die Pflanze krankheitsanfälliger wäre. Für die Stecklinge größere Triebe wählen, die idealerweise mindestens drei Blattknoten (der Bereich des Stängels, an dem die Blätter ansetzen) aufweisen. Nach dem Schnitt vorsichtig die unteren kleineren Blätter abziehen, damit die Nährstoffe in der Erde das Wurzeln anregen.

**03**  Den nächsten Schritt umgehend durchführen, damit die Spitze des Stecklings möglichst feucht bleibt: Den Steckling mit der Schnittseite in das Substrat so tief einsetzen, dass er Halt findet, aber nach unten genügend Platz für die Wurzelbildung bleibt. Zwischen den einzelnen Stecklingen etwas Abstand lassen, sodass sich die Wurzeln frei ausbreiten können.

**04**  Die Stecklinge wässern oder besprühen und das Behältnis verschließen, um die Wärme und Luftfeuchtigkeit zu erhöhen. Die Schale an einen Platz mit viel indirektem Licht und Temperaturen zwischen 23 °C und 28 °C stellen.

**05**  Die Stecklinge zwischen drei Wochen und zwei Monaten anwachsen lassen. Während der Wurzelbildung gelegentlich den Feuchtigkeitsgehalt der Erde prüfen, indem man den Finger am Rand in die Erde steckt. Darauf achten, dass die Stecklinge nicht umfallen. Die Erde sollte sich feucht anfühlen, doch sollte sich in der Vertiefung des Fingers kein Wasser ansammeln. Ist die Erde zu feucht, am besten einige Tage in Ruhe lassen oder so lange, bis sie leicht ausgetrocknet ist. Ist die Erde zu trocken, besprühen, bis sie vollständig feucht ist.

**06**  Nach frühestens drei Wochen können Sie einen der Stecklinge vorsichtig aus der Erde ziehen und nachsehen, ob sich neue Wurzeln gebildet haben. Wenn Sie keinen Widerstand spüren und sich nur wenige oder keine Wurzeln gebildet haben, den Steckling wieder zurück in die Erde setzen und vorsichtig andrücken, damit er einen sicheren Stand hat. Bevor der Steckling in einen neuen Topf umgesetzt wird, sollte er beim Herausziehen etwas Widerstand leisten und die Wurzeln sollten etwa vier Zentimeter lang sein.

**07**  Sobald die Stecklinge bereit zum Umtopfen sind, müssen sie sich zuerst an Ihre häusliche Umgebung anpassen. Öffnen Sie den Behälter am ersten Tag etwa eine Stunde lang und verschließen ihn dann wieder. An den folgenden Tagen allmählich über längere Zeit geöffnet lassen, damit sich die Stecklinge akklimatisieren können. Beginnen die Blätter der Stecklinge zu welken, den Vorgang verlangsamen. Wenn die Stecklinge ohne zu welken aus dem Topf entnommen werden können, dürfen Sie sie umtopfen.

# PFLANZEN TEILEN

## { *Geldbaum* }

Bei Pflanzen, die in Büscheln wachsen oder separate Sprossachsen haben (wie Yucca-Palmen, Korbmaranten, Farne und einige Sukkulentenarten) ist die einfachste Vermehrungsmethode das Teilen. Dabei wird die ganze Pflanze in Teile geschnitten, die einzeln weiterwachsen können, oftmals mit deutlich mehr Kraft als zuvor. Mithilfe dieser Methode lässt sich bei schnell wachsenden Sukkulenten wie dem Geldbaum die gewünschte Größe dauerhaft halten – und obendrein erhält man neue Pflanzen für ungenutzte Ecken oder als kleines Mitbringsel für Freunde.

Folgende in diesem Buch beschriebene Pflanzen eignen sich für die Teilung: die Schusterpalme (S. 130), die Oxalis (S. 144) und der Bogenhanf (S. 183). Aufgrund ihrer Wurzelstruktur lassen sich jedoch nicht alle Pflanzensorten mit entsprechenden Sprossachsen auf diese Weise erfolgreich teilen. Bevor Sie also zum Messer greifen, sollten Sie sich erst schlaumachen.

Die Methode lässt sich auch für den vorsichtigen Rückschnitt der Pflanze verwenden (indem man nur einen kleinen Teil abtrennt) oder man zerlegt die Mutterpflanze in so viele Teile wie möglich. Es hängt davon ab, wie viele neue Mitbewohner Sie züchten möchten.

Bevor Sie beginnen, bereiten Sie die Töpfe vor, in die Sie die abgeteilten Pflanzen setzen möchten. Wählen Sie Pflanzgefäße, die ein wenig größer sind als die Teilstücke, damit diese genügend Platz (ca. fünf Zentimeter) für die Bildung neuer Wurzeln haben. Unten in den Topf eine Schicht aus Drainage-Granulat geben.

Bei dieser Art der Vermehrung fällt schon mal Schmutz an. Wählen Sie daher einen Ort in der Wohnung oder im Freien, an dem ruhig etwas danebengehen darf. Wir arbeiten normalerweise mit einer großen Tischdecke, um die verschüttete Erde auffangen und anschließend ganz einfach im Garten verteilen zu können.

**01**   Sorgen Sie dafür, dass Sie eine ausreichende Menge an Substrat zu Hause haben. Wir empfehlen eine unserer selbst hergestellten Mischungen auf Seite 91 oder eine handelsübliche Erde für Zimmerpflanzen. Die benötigte Menge hängt von der Anzahl der Teilstücke und der zu bepflanzenden Töpfe ab.

**02**   Die zu vermehrende Pflanze vorsichtig aus dem Topf nehmen. Bei tropischen Pflanzen und Sukkulenten geht das am einfachsten, wenn man mit der Handfläche auf die Erde drückt, die Sprossachsen festhält und den Topf auf den Kopf dreht. Weitere Hinweise dazu finden Sie auf Seite 84.

**03**   Die Pflanze wieder aufrecht hinstellen. Die Erde behutsam abreiben, um festzustellen, wie leicht sich die Wurzeln trennen lassen. Es ist kein Problem, wenn dabei fast die ganze ursprüngliche Erde abfällt. Bei empfindlichen Wurzeln die Erde nur so weit abschütteln, bis sich die Pflanze teilen lässt. Bei dickeren Wurzeln möglichst viel von der alten Erde entfernen, denn so kann die Pflanze im nächsten Schritt mit frischer, nährstoffreicher Erde versorgt werden. Ist der Wurzelballen stark verheddert oder sehr starr, können Sie die Erdklümpchen mit einem scharfen Messer zerteilen. Dies sollte jedoch möglichst vermieden werden, da es die feineren Wurzeln zerstört. Zum Schluss die Teilstücke auf der Arbeitsfläche ausbreiten.

**04**   Nun die einzelnen Pflanzenteile eintopfen. Geben Sie etwas Erde in den Topf und lassen Sie genügend Platz nach oben, damit die Pflanze einen guten Stand hat. Die neue Pflanze in ihren vorgesehenen Topf setzen, festhalten und mit der anderen Hand oder einer Schaufel rundherum ausreichend Erde verteilen. Mit dem Topf leicht auf einen harten Untergrund klopfen, damit sich die Erde gleichmäßig verteilt.

**05**   Wenn der Topf gut mit Erde gefüllt ist und die Pflanze aufrecht und stabil steht, die Erde fest andrücken. Dadurch beseitigt man eventuell noch vorhandene Lufteinschlüsse.

---

**NACH DER VERMEHRUNG |** *Die neue Pflanze benötigt ähnliche Bedingungen wie die Mutterpflanze. Sollte insbesondere bei tropischen Exemplaren eine der geteilten Pflanzen zu welken beginnen, so wickeln Sie diese in eine Plastiktüte ein, um die Luftfeuchtigkeit zu erhöhen, bis sie wieder frisch aussieht.*

# ABLEGER

## { *Bauernkaktus* }

Viele Pflanzen produzieren regelmäßig Ableger – winzige Kopien der Mutterpflanze, die sich normalerweise an der Sprossachse bilden. Je nach Pflanzenfamilie entwickeln sie sich unten am Pflanzenstängel, manchmal aber auch im oberen Teil. Zu den Pflanzen, die häufig Ableger bilden, zählen Wüstenkakteen, Bromelien, Bananenpflanzen, Palmen und Agaven.

Das ist ein wundervolles Ereignis, denn Sie werden mit vielen weiteren schönen Pflanzen beschenkt. Doch sollte man bei der Vermehrung nicht zu ehrgeizig sein, denn die Ableger dürfen erst abgelöst werden, wenn sie genügend entwickelt sind, um eigenständig zu überleben. Wann das der Fall ist, hängt von der jeweiligen Pflanzenart ab. Bei Wüstenkakteen empfehlen wir, zu warten, bis der Seitentrieb eine Mindestlänge von drei bis fünf Zentimetern erreicht hat.

Pflanzen sollte man am besten im Frühling oder Sommer vermehren, wenn ihre aktive Wachstumsphase beginnt. Achten Sie darauf, dass Sie dafür alles vorbereitet haben: Genau wie alle anderen Pflanzen benötigen die Stecklinge ähnliche Lebensbedingungen wie die Mutterpflanze.

---

**VERMEHRUNG VON LUFTPFLANZEN |** *Nach der Blüte bilden Luftpflanzen möglicherweise einen oder mehrere Ableger zwischen den Blättern, die man gemeinhin „Schößlinge" nennt. Es handelt sich um winzige Kopien der Mutterpflanze. Sie können als Einheit mit der Pflanze verbunden bleiben oder aber abgelöst werden, um eigenständige neue Pflanzen zu bilden. Widerstehen Sie der Versuchung, die Schößlinge vorzeitig abzutrennen, bevor sie unabhängig von der Mutterpflanze überleben können: Das ist erst der Fall, wenn sie mindestens ein Drittel der Größe der Mutterpflanze erreicht haben. Nun die Mutterpflanze gut wässern und anschließend die Ableger entfernen, indem Sie sie leicht nach unten ziehen.*

**01**  Zum Schutz gegen piksende Dornen sollten Sie bei den folgenden Arbeitsschritten entweder mit einer Zange oder mit Gartenhandschuhen arbeiten. Einen Kaktus kann man auch gut mit zusammengeknülltem Zeitungspapier festhalten.

**02**  Falls sich die Seitentriebe unten an der Mutterpflanze bilden und bereits Wurzeln haben, diese vorsichtig mit einer Zange oder dem Finger vom Stamm abtrennen. Sind keine Wurzeln vorhanden oder sitzen sie zu fest, um sich ablösen zu lassen, schneiden Sie den Trieb vorsichtig mit einem Messer ab. Dabei jedoch ein sauberes, scharfes Messer verwenden, um weder die Mutterpflanze noch den Ableger zu beschädigen.

**03**  Ist der Ableger entfernt, legen Sie ihn auf eine saubere Oberfläche in den Schatten, damit das abgeschnittene Ende trocknen kann und versiegelt wird. So können sich keine Bakterien in der jungen Pflanze einnisten. Diese Phase dauert zwischen ein paar Tagen und einer Woche. Wenn die Schnittstelle vollkommen trocken ist, ist die Pflanze bereit zum Einpflanzen.

**04**  Welche Art von Erde Sie verwenden, hängt davon ab, ob der Ableger Wurzeln hat oder nicht. Bei Ablegern ohne Wurzeln Kokosfasern und scharfen Sand zu gleichen Teilen mischen. Bei Ablegern mit Wurzeln zu gleichen Teilen Pflanzerde Nr. 02 (S. 91) oder torffreie Kaktuserde aus dem Handel mit scharfem Sand vermischen. Genügend Erde bereithalten, um den Pflanztopf mit einer drei Zentimeter hohen Schicht Substrat zu füllen. Die Erde leicht andrücken und die Oberfläche mit ein wenig Wasser besprühen, sodass sie sich leicht feucht anfühlt.

**05**  Eine kleine Vertiefung in die Erde drücken und den Ableger dort einsetzen. Sind keine Wurzeln vorhanden, braucht der Ableger nur so tief eingesetzt zu werden, dass er einen guten Stand hat. Sind Wurzeln vorhanden, diese mit Erde bedecken und für einen festen Stand gut andrücken.

Die Ableger bis zum nächsten Frühling an einen Platz mit viel Licht stellen. Dann können sie umgetopft werden.

# SAMEN

## { *Avocado* }

Das nächste Mal, wenn Sie eine Avocado, Mango oder Lychee essen, sollten Sie den Samenkern nicht wegwerfen, sondern daraus Ihre eigene fruchtige Zimmerpflanze züchten. Auch wenn sie wahrscheinlich keine Früchte tragen wird (außer wenn sie im Freien unter warmen Klimabedingungen wächst), kostet diese Art der Vermehrung nichts und ist ein wunderbares Experiment für Kinder – sie lernen so eine Menge über den Keimprozess.

Da sie aus Mittel- und Südamerika stammen, lieben Avocados es, sich in möglichst hellem Licht zu sonnen. Wenn die Pflanze zu sprießen beginnt, sollten Sie sie an einen sonnigen Platz in Ihrer Wohnung stellen. Viele andere Pflanzen wie Kakteen, Sukkulenten und die meisten tropischen Pflanzen lassen sich aus Samen züchten. Doch der Vorgang ist sehr viel technischer und braucht mehr Zeit. Da nur wenige Pflanzen Samen produzieren, wenn sie fern von ihrem natürlichen Lebensraum in Innenräumen gehalten werden, kann man am einfachsten mit ihnen experimentieren, indem man das Saatgut in einem Gartencenter kauft oder im Internet bestellt.

01    Nachdem Sie den Kern aus der Avocado entfernt haben, halten Sie ihn unter fließendes Wasser, um mögliche Fruchtfleischreste abzuwaschen. Achten Sie darauf, dass die Oberfläche des Kerns unversehrt bleibt. Der neue Trieb wächst am spitzeren Ende und die Wurzeln bilden sich am bauchigen Ende.

02    Halten Sie die schmalste Stelle des Kerns nach oben und stecken Sie drei oder vier Cocktailstäbchen oder Spieße vorsichtig rund um die Kernmitte etwa zwei Zentimeter tief hinein, um ihn zu stabilisieren. Die Stäbchen braucht man als Stütze, um den Kern teilweise unter Wasser zu halten.

03    Füllen Sie ein Glas mit Wasser und platzieren Sie den Kern mit dem stumpfen Ende nach unten auf dem Glasrand. In dem Glas sollte ausreichend Wasser sein, sodass der untere Teil des Kerns mit Wasser bedeckt ist. Um Schimmelbildung zu vermeiden, das Wasser alle paar Tage erneuern.

04    Das Glas an einen hellen Platz stellen. Nach einigen Wochen bricht der Kern auf und es sprießen neue Wurzeln im Wasser. In den darauffolgenden Wochen dürften oben neue Triebe zu erkennen sein. Wichtig ist, dass die Wurzeln die ganze Zeit unter Wasser sind.

05    Wenn die neue Avocadopflanze etwa 20 Zentimeter groß ist, kann sie mit Erde in einen Topf gepflanzt werden, wobei das obere Ende des Kerns unbedeckt bleiben sollte. Die Erde durchgängig feucht halten, jedoch niemals mit Wasser durchtränken.

# DAS
# PFLANZENHAUS

*Die perfekte Pflanze für den perfekten Platz*

Als wir dieses Buch schrieben, haben wir bei unseren Recherchen oft nicht schlecht gestaunt. Am besten waren die ernst gemeinten Anweisungen aus den Büchern der 1970er-Jahre mit Tipps zur Gestaltung von Innenräumen. Sie enthielten viele Anregungen zu Pflanzen, die gut zu bestimmten Möbeln passen, warnten vor kollidierenden Blattmustern und werteten das asymmetrische Beschneiden als Fauxpas. Ein beeindruckender Vorschlag für eine Tischdekoration – eine hoch aufgetürmte Zusammenstellung von Farnkraut, Zweigen und Mooshäufchen – löste bei Rose einen derartigen Freudenschrei aus, dass das Echo im ansonsten stillen Lesesaal der British Library widerhallte.

Da jeder ohnehin anders eingerichtet ist, werden in diesem Kapitel keine besonderen Räume beschrieben, sondern praktische Standorte, wie es sie in den meisten Wohnungen gibt. Die Pflanzensteckbriefe enthalten genau die Informationen, nach denen uns unsere Kunden ständig fragen: die Häufigkeit des Gießens, den besten Zeitpunkt fürs Umtopfen und die richtige Art der Vermehrung. Angaben zu Licht, Temperatur und Luftfeuchtigkeit sollen Ihnen helfen, Ihre Umgebung mithilfe von üppig sprießendem Grün neu zu gestalten. Wir haben uns dabei nur auf Faktoren beschränkt, die sich auf das Wohlbefinden der Pflanze beziehen. Allgemeine Angaben zur Pflanzenpflege und zum Wässern erfahren Sie im Kapitel „Die eigenen Pflanzen kennen" ab Seite 19. Schließlich haben wir alternative Pflanzen aufgeführt, die ähnliche Standortbedingungen mögen. Auf diese Weise können Sie sich eine Reihe von Pflanzen zulegen, die zu einem bestimmten Platz passen.

Bei der weiteren Lektüre werden Sie eher Anregungen als Anweisungen erhalten. Darunter sind viele Styling-Tipps mit der – unserer Meinung nach – größten Wirkung: von kleinen Details wie Spiegeln bis hin zu funktionalen Deko-Elementen wie Pflanzenständern und -ampeln. Wir hoffen, dass die folgenden Seiten Sie anregen, das Potenzial Ihres Wohnraums zu erkennen und ungeahnte grüne Inseln im eigenen Zuhause zu schaffen.

# DAS
# PFLANZENFENSTER

*{ ranken, hängen, kaschieren }*

Nicht jedem von uns ist der Ausblick auf hügelige Landschaften und den blauen Himmel vergönnt. Insbesondere nicht, wenn wir in der Stadt gerade mal auf das Haus gegenüber schauen können. Egal, ob es darum geht, eine wenig reizvolle Aussicht zu kaschieren oder sich selbst vor unerwünschten Einblicken zu schützen, fungiert eine tropische Pflanze als exotischer Vorhang und verleiht jedem Raum etwas Geheimnisvolles.

Schlaf- und Badezimmer sind meist ziemlich schattig. Daher muss man für sie eine Grünpflanze wählen, die wenig direktes Sonnenlicht benötigt. Tropische Ranken wie Philodendren oder Efeututen sind eine gute Wahl, und ein gelegentliches Stutzen ihrer Triebe lässt sie buschiger erscheinen. Luftfeuchtigkeit liebende tropische Pflanzen wie der Zierspargel nehmen auf natürlichem Wege Feuchtigkeit aus der Umgebung auf und gedeihen auch ohne viel Wasser.

Falls es keine Möglichkeit zum Aufhängen von Pflanzen gibt, schaffen frei stehende tropische Pflanzen wie die Schusterpalme mit nur wenig Unterstützung einen dekorativen Rahmen, sorgen für Privatsphäre und lassen dabei noch genügend Licht herein.

# EFEUTUTE

**Tongapflanze | Goldranke**
**Botanischer Name** *Epipremnum aureum*
**Familie** Aronstabgewächse (Araceae)
**Herkunft** Salomoninseln
**Alternativvorschläge** Herzblättriger Philodendron / Gemeiner Efeu

Die geradezu unverwüstbare Efeutute überlebt selbst in Räumen mit wenig Tageslicht und trotzt auch dem gießfaulen Besitzer, indem sie sich schnell wieder erholt. In Innenräumen blüht sie nur sehr selten, doch die marmorierten Blätter machen sie zu einer Schönheit, egal, ob sie an einer Moossäule hochklettert oder adrett von einer Blumenampel oder einem Bücherregal herunterhängt. Da sie extrem schnell wächst, verleiht die Efeutute jedem schmucklosen Bade- oder Schlafzimmer eine persönliche Note. Außerdem nimmt sie bestimmte Giftstoffe aus Wandfarben und dem Mobiliar auf.

| | |
|---|---|
| **LICHT** | Mäßiges Wachstum in sehr dunklen Ecken – die Pflanze breitet sich mit spärlichen Ranken und Blättern über eine große Fläche aus. An zu hellen Standorten geht sie möglicherweise ein. Als Standort einen Platz mit indirektem Licht wählen. |
| **TEMPERATUR** | Ganzjährig zwischen 18 °C und 24 °C, im Winter nicht unter 10 °C. |
| **GIESSEN** | Die Erde im Frühling und im Sommer feucht halten und im Winter deutlich seltener gießen. Die Pflanze verträgt zu wenig Wasser, bei Überwässerung bildet sich jedoch Schimmel. |
| **NÄHRSTOFFE** | Alle zwei Wochen düngen. |
| **UMTOPFEN** | Falls erforderlich, im Frühjahr umtopfen. Erde Nr. 01 verwenden (S. 91). |
| **VERMEHRUNG** | Im Frühling mit Stecklingen vermehren (S. 106). |

---

**UMTOPFEN |** *Wenn sie mehr Halt braucht oder nach Nährstoffen verlangt, bildet die Efeutute Luftwurzeln – ein klares Anzeichen dafür, dass entweder ein Rückschnitt oder Umtopfen erforderlich ist.*

# ZIERSPARGEL

**Federspargel**
**Botanischer Name** *Asparagus setaceus*
**Familie** Spargelgewächse (Asparagaceae)
**Herkunft** Süd- und Ostafrika
**Alternativvorschläge** Dreieckiger Frauenhaarfarn/Schwertfarn/
Geweihfarn

Obwohl der Zierspargel unter dem Deckmantel eines Farns daherkommt und bis vor Kurzem als Lilie klassifiziert wurde, gehört er zu keiner dieser Familien. Mit den filigranen, federartigen Blättern macht er sich gut einzeln im Topf oder in einer Blumenampel. Ohne Rückschnitt erreicht er eine Höhe von bis zu 90 Zentimetern. Geeignet für Badezimmer mit hoher Luftfeuchtigkeit; wöchentlich gießen, um die Erde im Frühling und im Sommer feucht zu halten.

**LICHT**
Einen Raum mit hellem, gefiltertem Licht wählen; die Pflanze keinem direkten Sonnenlicht aussetzen, da dadurch die Blätter verbrennen können.

**TEMPERATUR**
Ganzjährig zwischen 18 °C und 24 °C, im Winter nicht unter 10 °C.

**GIESSEN**
Die Erde im Frühling und im Sommer feucht, jedoch nicht durchnässt halten. Im Herbst und Winter sparsam wässern, dabei jedoch die Erde nicht austrocknen lassen. Zusätzlich regelmäßig besprühen.

**NÄHRSTOFFE**
Alle zwei Wochen zwischen Frühling und Frühherbst düngen.

**UMTOPFEN**
Jährlich im Frühjahr umtopfen. Die Pflanze tief unten in den Topf einsetzen und eine zweieinhalb Zentimeter dicke Schicht Erde hinzufügen, sodass die Wurzelknollen beim Wachsen zum Vorschein kommen können. Erde Nr. 02 verwenden (S. 91).

**VERMEHRUNG**
Vermehrung im Frühjahr durch Teilung (S. 111).

---

**PFLEGE |** *Zu lange und vertrocknete Stängel abschneiden, um die Pflanze in Form zu halten. Ältere Stängel werden mit der Zeit holzig und bilden scharfe Dornen. Daher empfiehlt es sich, beim Rückschnitt Handschuhe zu tragen.*

# SCHUSTERPALME

**Metzgerpalme | Eisenpflanze**
**Botanischer Name** *Aspidistra elatior*
**Familie** Spargelgewächse (Asparagaceae)
**Herkunft** Japan und Taiwan
**Alternativvorschläge** Drachenbaum/Mexikanische Bergpalme

Sie war im viktorianischen England sehr beliebt und duldet seit jeher Standorte mit wenig Licht und niedrigen Temperaturen. Die Schusterpalme wurde zum Symbol der Mittelklasse, geriet allerdings später aus der Mode. Mit den tiefgrünen Blättern und eleganten Stängeln ist sie heute wieder angesagt. Sie braucht sehr wenig Pflege und verleiht schattigen Räumen eine leicht tropische Note. Sie erreicht eine Größe von bis zu 70 Zentimetern und hat wunderschöne Blätter, die mit zunehmender Entfaltung eine sattgrüne Färbung erhalten. Eine Variante mit cremefarbenen Streifen sieht verführerisch schön aus, ist jedoch weniger widerstandsfähig.

**LICHT**
Sie ist auf dem Waldboden zu Hause und eignet sich damit für nach Norden ausgerichtete Fenster (d. h. wenig Licht). Allerdings gedeiht sie auch in schattigen Hausfluren und Ecken. Bei zu hellem Licht können die Blätter verbrennen.

**TEMPERATUR**
Sehr anspruchslos; hohe und niedrige Temperaturen in Innenräumen sind gleichermaßen geeignet.

**GIESSEN**
Gießen Sie, wenn sich die oberen drei Zentimeter der Erde vollkommen trocken anfühlen. Auf keinen Fall überwässern. Eine gute Drainage ist für die Gesundheit der Pflanze wichtig. Achten Sie darauf, dass die Wurzeln niemals im Wasser stehen. Am besten in einen Terrakottatopf mit guter Drainage pflanzen und den Unterteller einige Stunden nach dem Wässern ausleeren.

**NÄHRSTOFFE**
Einmal monatlich im Frühling und im Sommer mit Flüssigdünger versorgen.

**UMTOPFEN**
Falls erforderlich, im Frühling umtopfen – dies sollte jedoch höchstens alle vier Jahre erforderlich sein.

**VERMEHRUNG**
Vermehrung im Frühjahr durch Teilung (S. 111).

# CHINESISCHER GELDBAUM

**Glückstaler | Missionarspflanze**
**Botanischer Name** *Pilea peperomioides*
**Familie** Brennnesselgewächse (Urticaceae)
**Herkunft** Westindische Inseln
**Alternativvorschläge** Kanonierblume / Wassermelonen-Peperomie

Sie ist einer unserer absoluten Lieblinge für das Fensterbrett: Die lilienförmige Pilea ist leicht zu züchten und braucht keinen Rückschnitt. Die dunkelgrünen Blätter wachsen an einem einzigen Stängel und haben im Sommer hübsche weiße Blüten. *Pilea peperomioides* ist nicht sehr leicht zu finden, doch dafür lässt sie sich einfach durch Stecklinge vermehren und ist ein schönes Mitbringsel für andere Pflanzenliebhaber.

**LICHT** — Sie bevorzugt helle Standorte, jedoch kein direktes Sonnenlicht, das ihre fleischigen Blätter schädigen könnte.

**TEMPERATUR** — Um etwa 25 °C und im Winter nicht kälter als 12 °C. Zugluft in jedem Fall ganzjährig vermeiden.

**GIESSEN** — Die Pflanze blüht in Räumen mit hoher Luftfeuchtigkeit geradezu auf. Während der aktiven Wachstumsperiode die Erde gleichmäßig feucht halten, jedoch zwischen jedem Wässern austrocknen lassen. Eine gute Drainage ist wichtig. Daher darauf achten, dass die Wurzeln niemals im Wasser stehen. Gießfrequenz im Winter einschränken.

**NÄHRSTOFFE** — Im Frühling und Sommer alle zwei Wochen düngen.

**UMTOPFEN** — Falls erforderlich, im Frühjahr umtopfen. Dazu die Erde für Zimmerpflanzen Nr. 01 (S. 91) verwenden.

**VERMEHRUNG** — Die Pflanze Anfang Frühjahr durch Stecklinge vermehren (siehe S. 106).

---

**REINIGUNG** | *Wenn sich auf den Blättern Staub absetzt, diese einzeln leicht mit einem sauberen, feuchten Tuch abreiben, damit sie wieder schön glänzen.*

# MAKRAMEE-PFLANZEN-AMPEL

Vermieter sind gegenüber kreativen Do-it-yourself-Aktionen nicht immer positiv eingestellt. Kunden mit Mietwohnungen erzählen uns oft, dass sie gerne eine oder zwei Blumenampeln anbringen würden, die Wände aber nicht beschädigen wollen. Mit ein bisschen Kreativität und einigen einfachen Materialien ist es leichter als gedacht, die vorhandene Deckenfläche zu nutzen. Falls Sie keine Nägel in die Decke oder Wand hämmern dürfen, können Sie die Ampel vielleicht an einer Gardinenstange, einem Mantelhaken oder mit einem S-Haken am Schrank, Regal oder Küchenschrank befestigen. Egal, wie Sie die Ampel anbringen, sollten Sie auf jeden Fall die richtigen Lichtverhältnisse für die betreffende Pflanze gewährleisten.

Das Design der Hängeampel haben wir bei den Makrameeampeln aus den 1970er-Jahren abgeguckt. Solch eine Ampel lässt sich in etwa zehn Minuten herstellen. Sobald das untere Ende fertig ist, kann man das Design mit unendlich vielen Makrameeknoten, Perlen, Metallringen oder anderen Accessoires schmücken.

Nehmen Sie ein beliebiges dünnes Seil. Den meisten Erfolg brachten unsere Experimente mit geflochtener Baumwolle, Hanf und Jute, allesamt günstig und stabil genug, um auch schwerere Pflanzen sicher zu halten.

Mit einem Unterteller unter dem Pflanztopf müssen Sie die Pflanze zum Wässern nicht aus der Ampel nehmen.

**8 METER SEIL**
**MASSBAND**
**PFLANZTOPF**
**UNTERTELLER**
**HAKEN ODER NAGEL**

### 01

Das Seil in vier gleiche Teile zu je zwei Metern schneiden. Jedes Seil so um einen Stab, Wandhaken oder Nagel wickeln, dass alle ein Meter langen Seilenden herunterhängen.

### 02

Die Seilenden auf die gleiche Länge ausrichten. Das gesamte Bündel greifen und einen dicken Knoten knüpfen, sodass oberhalb des Knotens eine größere Schlaufe entsteht. Sie sollte groß genug sein, um die Pflanzenampel daran aufhängen zu können.

### 03

Die acht Seilstränge unterhalb des Knotens in vier Paare unterteilen – dabei die Seile nach ihrem natürlichen Fall trennen, damit jedes Seilende locker zu dem dazugehörigen Partner hängt.

### 04

Entscheiden Sie sich für eine Stelle, an der der erste Knoten sitzen soll – etwa eine Viertellänge des verbleibenden Seils unterhalb des dicken Knotens. Die Knoten sind oberhalb der Pflanze anzuordnen. In jedes Seilpaar einen Knoten auf gleicher Höhe knüpfen. Falls sie nicht auf der gleichen Höhe sind, die Knoten wieder lösen und die Position neu ausrichten. Für einen größeren Pflanztopf empfiehlt es sich, die erste Knotenreihe weiter oben an der Ampel anzubringen.

### 05

Unterhalb der Knotenreihe die Seile wieder teilen, doch dieses Mal den linken Strang eines Paares jeweils mit dem rechten Strang des benachbarten Paares verknüpfen. In die so gebildeten neuen Paare etwas weiter unterhalb wieder einen Knoten machen. Dadurch ergibt sich ein Netzmuster, in dem die Pflanze sicheren Halt findet.

### 06

Alle Seilenden zusammenführen. Darauf achten, dass sie nicht verdreht sind oder schlaff herunterhängen. Mit einer Hand das Bündel festhalten und einen letzten dicken Knoten knüpfen, auf dem der Pflanztopf ruht. Dabei überprüfen, ob er bequem in der Ampel Platz hat. Falls nicht, den unteren Knoten entsprechend anpassen. Zuletzt die Seilenden auf die gewünschte Länge kürzen. Jetzt kann die Pflanze eingesetzt werden.

**DA DER PFLANZTOPF NACH DEM WÄSSERN SCHWERER IST, SOLLTE ER AN EINE STELLE GEHÄNGT WERDEN, DIE DAS GEWICHT AUSHÄLT.**

# UNGENUTZTE RAUMECKEN

*{ Tiefe, Dekoration, Auflockerung }*

Bei begrenztem Wohnraum erweckt eine Reihe von Topfpflanzen in einer Zimmerecke den ganzen Raum zum Leben. Dank ihrer vielfältigen Blattformen, unterschiedlichen Höhen und dem geringeren Lichtbedarf als Sukkulenten sind tropische Pflanzen dafür eine gute Wahl. In Gruppen aufgestellt, verbessern sie die Luftfeuchtigkeit und benötigen insgesamt weniger Wasser.

Als schnell wachsende Pflanzen kann man sie leicht den Gegebenheiten des Raums entsprechend ranken oder klettern lassen oder sie in schönen, verschieden großen Töpfen gruppieren. Unterschiedlich hohe Pflanzen bilden so ein Arrangement exotischen Grüns, das interessant wirkt und dem Raum Tiefe verleiht.

Zwei einfache Dinge sind jedoch zu beachten: Nach einer Zeit müssen längere Stämme eventuell an einen Stock oder Stab gebunden werden, damit sie nicht umknicken. Zudem sollten Sie die Pflanztöpfe gelegentlich umdrehen, damit die Blätter gleichmäßig beschienen werden und nicht nur immer dieselbe Seite Licht bekommt.

# BELMORE-
# KENTIAPALME

**Kentiapalme**
**Botanischer Name** *Howea belmoreana*
**Familie** Palmengewächse (Arecaceae)
**Herkunft** Lord-Howe-Insel
**Alternativvorschläge** Salonpalme/Fischschwanzpalme/Arekapalme

Palmen sind fantastische Zimmerpflanzen, denn sie nehmen Schadstoffe aus der Luft auf und geben im Gegenzug großzügige Mengen frischen Sauerstoffs ab. Mit ihren eleganten bogenförmigen Blättern und filigranen Stängeln verleiht die Belmore-Kentiaplame dem Wohnzimmer unmittelbar einen Hauch eines Tropenparadieses. Sie wird bis zu zweieinhalb Meter hoch und ist ein Langzeit-Mitbewohner. Aber keine Angst: Sie wächst sehr langsam und ist unter den für sie geeigneten Lebensbedingungen sehr widerstandsfähig.

**LICHT**
Die Pflanze wächst auch an schattigen Plätzen, doch liebt sie helles, indirektes Licht.

**TEMPERATUR**
Zwischen 15 °C und 24 °C, im Winter nicht unter 13 °C.

**GIESSEN**
Die Erde im Frühling und Sommer feucht halten. Im Winter darf sie zwischen dem Gießen ruhig mal austrocknen. Blätter regelmäßig besprühen, das sorgt für hohe Luftfeuchtigkeit.

**NÄHRSTOFFE**
Alle paar Wochen im Frühling und im Sommer mit Flüssigdünger versorgen.

**UMTOPFEN**
Alle zwei bis drei Jahre gegen Ende des Frühjahrs oder Anfang des Sommers umtopfen. Wenn sie im größtmöglichen Topf steht, kann man statt des Umtopfens einfach die obere Schicht Erde austauschen.

**VERMEHRUNG**
Die Palme lässt sich mithilfe eines beheizten Anzuchtkastens aus Saatgut heranziehen.

---

**PFLEGEHINWEIS** | *Sind die Blätter glanzlos oder staubig, die Pflanze nach draußen stellen und mit Regenwasser oder einem Schlauch abspritzen – allerdings sollte dies nur an einem warmen Frühlings- oder Sommertag erfolgen. Abgestorbene Blätter oder Stängel immer mit einer scharfen Schere entfernen und nicht daran ziehen, das würde die Stängel beschädigen.*

# GUMMIBAUM

**Botanischer Name** *Ficus elastica*
**Familie** Maulbeergewächse (Moraceae)
**Herkunft** Indien, China und Malaysia
**Alternativvorschläge** Geigenfeige / Drachenbaum / Banyanfeige

Nur wenige Zimmerpflanzen lassen sich so einfach halten wie der unverwüstliche Gummibaum. Er kann bis zu drei Meter hoch werden, passt sich wunderbar an verschiedene Licht- und Temperaturverhältnisse an und fühlt sich in den meisten Wohnräumen zu Hause. Seine breiten sattgrünen und glänzenden Blätter sind auch auf der Unterseite ansehnlich mit ihrer hellorangefarbenen Ader, die sich vom Stängel bis zur Blattspitze hinzieht. (Vorsicht: Diese Pflanze ist für Hunde und Katzen allerdings giftig).

**LICHT** Stellen Sie die Pflanze in indirektes Licht, etwas direkte Morgen- oder Abendsonne schadet allerdings nicht.

**TEMPERATUR** Der Gummibaum passt sich an verschiedene Raumtemperaturen an, sollte jedoch im Winter nicht bei unter 13 °C stehen.

**GIESSEN** Im Frühling und im Sommer mäßig gießen. Darauf achten, dass die Erde gründlich durchnässt ist. Zwischen den Gießvorgängen die oberen drei Zentimeter Erde austrocknen lassen. Durch gelegentliches Besprühen bilden Sie den natürlichen Lebensraum der Pflanze nach. Die Gießmenge im Winter reduzieren und auf tropfende Blätter achten – dies ist ein Anzeichen von Überwässerung.

**NÄHRSTOFFE** Alle drei bis vier Wochen im Frühling und Sommer mit Flüssigdünger versorgen.

**UMTOPFEN** Falls erforderlich, im Frühling in einen nur unwesentlich größeren Topf (fünf bis zehn Zentimeter größer) umsetzen, denn die Pflanze breitet ihre Wurzeln nur wenig aus. Sobald die größte Topfgröße erreicht ist, statt des Umtopfens die obere Schicht Erde austauschen.

**VERMEHRUNG** Die Vermehrung dieser Pflanze erfordert eine hohe Kompetenz, denn sie erfolgt über das „Abmoosen". Diese Methode empfiehlt sich nicht für den ungeübten Gärtner.

---

**PFLEGE |** *Vorsicht beim Umtopfen oder Reinigen junger Blätter dieser Pflanze, denn sie werden leicht beschädigt und erholen sich während der gesamten Lebensdauer der Pflanze nicht mehr.*

# OXALIS

**Dreieckiger Glücksklee | Brasilianischer Sauerklee**
**Botanischer Name** *Oxalis triangularis*
**Familie** Sauerkleegewächse (Oxalidaceae)
**Herkunft** tropisches Brasilien
**Alternativvorschläge** Glücksklee/Zebrakraut/Kanonierblume

Seitdem wir sie von einer Freundin bekamen, hat sie sich zu unserer liebsten Pflanze entwickelt. Jeder der zarten Stängel trägt drei schmetterlingsförmige Blätter, die in Zeitlupe dem Lichteinfall folgen: morgens öffnen, abends schließen. Ihre Herkunft liegt im tropischen Brasilien, Mexiko und Südafrika (wo sie als Unkraut angesehen wird!). Sauerkleearten haben knollenförmige Wurzelsysteme, mit denen sie selbst allzu nachlässigen Besitzern trotzen können. Die zierliche Pflanze kommt normalerweise in dunkelroten bis grünen Farbschattierungen vor und trägt im Frühling und im Sommer kleine blassrosa Blüten.

| | |
|---|---|
| **LICHT** | Die Pflanze an einen Standort mit viel indirektem Licht stellen. Etwas direkte Morgen- oder Abendsonne verträgt sie gut. Die Blätter in wärmeren Monaten vor der heißen Mittagssonne schützen. |
| **TEMPERATUR** | Der Sauerklee gedeiht bei warmen oder kalten Zimmertemperaturen zwischen 15 °C und 25 °C. Bei höheren Temperaturen hält er sich gezwungenermaßen am Leben, indem er eine Ruhepause einlegt. |
| **GIESSEN** | Achten Sie auf die Temperaturbedingungen, da dies die Gießfrequenz beeinflusst. Beim Gießen die Erde gründlich durchtränken und bis zum nächsten Mal die oberen drei Zentimeter vollständig austrocknen lassen. Eine gute Drainage ist wichtig. |
| **NÄHRSTOFFE** | Der Sauerklee braucht eigentlich keine Nährstoffe. Alle paar Monate kann man im Frühling und Sommer ein wenig Flüssigdünger zugeben, damit er besonders schön blüht. |
| **UMTOPFEN** | Der Klee begnügt sich mit einem relativ kleinen Topf, kann aber im Frühling bei zu üppiger Wurzelbildung umgetopft werden, damit er sich weiter ausbreiten kann. |
| **VERMEHRUNG** | Wenn er eine stattliche Größe erreicht hat, kann man ihn durch Teilung vermehren (S. 111). |

---

**FÜR GIESSFAULE |** *Der Sauerklee passt sich wunderbar an: Wird er vernachlässigt, so legt er eine gezwungene Ruhepause ein. Wenn er wegen mangelnder Pflege trocken und abgestorben aussieht, dann sorgt ein guter Schuss Wasser für eine Wiederbelebung der Knollen und lässt im Handumdrehen neue Triebe hervorsprießen.*

# FENSTERBLATT

**Köstliches Fensterblatt | Monstera**
**Botanischer Name** *Monstera deliciosa*
**Familie** Aronstabgewächse (Araceae)
**Herkunft** Südmexiko
**Alternativvorschläge** Calathea/Baumphilodendron/Grünlilie

Das Fensterblatt gehört zu unseren absoluten Lieblingen für jegliche Ecken, denn es belohnt einen mit seinem herzförmigen, wuchernden Blattwerk in sattem Grün und ist dabei noch sehr anspruchslos. Da es im tropischen Regenwald heimisch ist, nutzt die Pflanze ihre fiedrig gelappten, durchlöcherten Blätter, um sich vor starken Regengüssen zu schützen. Obwohl es charakterstark und widerstandsfähig ist, sollte man wissen, dass das Fensterblatt zu den schnell wachsenden Sorten gehört und schon bald mehr Platz beanspruchen wird.

**LICHT**     An einem Standort mit hellem, indirektem Licht platzieren. Zu viel direktes Sonnenlicht lässt die Blätter vergilben, und zu spärliches Licht verhindert, dass sich die ausgeprägten Blattaussparungen bilden können.

**TEMPERATUR**     Zwischen 18 °C und 24 °C im Frühling und Sommer, doch kommt die Pflanze auch mit deutlich kälteren oder wärmeren Bedingungen zurecht.

**GIESSEN**     Erst wenn die oberen drei Zentimeter Erde trocken sind, gründlich wässern. Regelmäßiges Besprühen ist eine Wohltat für das Fensterblatt, wenn es in trockenen Räumen steht.

**NÄHRSTOFFE**     Einmal im Monat mit Flüssigdünger versorgen, um neues und kraftvolles Wachstum anzuregen.

**UMTOPFEN**     Bei zu starker Wurzelbildung im Frühling umtopfen. Dazu Erde Nr. 01 (S. 91) verwenden.

**VERMEHRUNG**     Im Frühling über Stecklinge vermehren (S. 106).

---

**STANDORT |** *Zur Unterstützung des schnell wachsenden Fensterblatts empfiehlt sich ein Moospfosten, an dem die inneren Stängel der Pflanze mit einer Kordel oder einem Bindfaden befestigt werden. Alternativ kann man die inneren Stängel mit einem Stück Schnur zusammenbinden, um sie aufrecht zu halten.*

# HELLE
# PLÄTZE

*{ sammeln, sonnen, blühen }*

Angesichts einer schier unerschöpflichen Vielfalt an entzücken-den Wüstenkakteen und Sukkulenten ist es ein Segen, dass sie sich gut in Gruppen zusammenstellen lassen. Denn alle haben die reinste Freude daran, am hellsten Standort der Wohnung zu stehen. Wüstenkakteen und sonstige Sukkulenten benötigen allesamt ähnliche Lichtverhältnisse. Daher können Sie Ihre Kollektion der sonnenliebenden Sorten stets erweitern, wenn Sie neue Lieblinge entdecken. Wir persönlich stellen gerne recht ungewöhnlich aussehende Pflanzen zusammen und erre-gen damit das Interesse unserer Besucher. Zudem macht es viel Spaß, verschiedene Töpfe und Schalen aufzustöbern, die die Persönlichkeit jeder Pflanze bestmöglich zur Geltung bringen.

Wenn man in einem Apartment mit relativ begrenztem Tages-licht wohnt, bieten helle Fenstersimse und Fußböden oft die besten Standorte. Machen Sie sich jedoch einen Merkzettel, dass die Pflanzen während der aktiven Wachstumsperiode gele-gentlich umgedreht werden müssen, damit sie gleichmäßig viel Licht vom Fenster bekommen. In der kälteren Jahreszeit sollten Sie sie nicht an zugige Fenster stellen, um sie vor beschlagenen Scheiben und Frost zu schützen.

# GELDBAUM

**Pfennigbaum**
**Botanischer Name** *Crassula ovata*
**Familie** Dickblattgewächse (Crassulaceae)
**Herkunft** Südafrika
**Alternativvorschläge** Wüstenkohl

Der Geldbaum wird als Glückssymbol angesehen. Er kommt mit wenig Pflege aus, lässt sich leicht vermehren und wird ohne Rückschnitt bis zu einem Meter groß. Die Spitzen der gummiartigen ovalen Blätter färben sich rot, wenn sie in der prallen Sonne stehen. Unter optimalen Standortbedingungen bringt die Pflanze im beginnenden Frühjahr kleine sternförmige Blüten hervor.

**LICHT**      Unter spärlichen Lichtverhältnissen wird die Pflanze unförmig. Sie braucht direktes Licht, um stolz und aufrecht zu stehen. Die Pflanze mit Blick auf gleichmäßiges Wachstum daher alle paar Wochen umdrehen.

**TEMPERATUR**      Tagsüber warm und trocken zwischen 18 °C und 24 °C, nachts kühler.

**GIESSEN**      Die Erde darf ruhig zwischen dem Gießen austrocknen: Wenn sich die oberen drei Zentimeter der Erde trocken anfühlen, reichlich gießen. Die Wurzeln dürfen jedoch niemals im Wasser stehen. Wie die anderen Sukkulenten braucht der Geldbaum eine gute Drainage. Die Gießfrequenz im Winter verringern und nur wässern, wenn die Erde vollkommen ausgetrocknet ist.

**NÄHRSTOFFE**      Alle drei oder vier Monate im Frühling und Sommer mit Flüssigdünger versorgen.

**UMTOPFEN**      Im Frühling nur umtopfen, wenn zu viele Wurzeln vorhanden sind. Dazu Erde Nr. 02 (S. 91) verwenden. Die Pflanze dabei in einen relativ flachen Topf einsetzen.

**VERMEHRUNG**      Durch Blattstecklinge (S. 102).

---

**RÜCKSCHNITT |** *Wenn der Geldbaum zu groß wird, die zu langen Stängel abknipsen oder abschneiden. Dadurch behält er seine Größe und wächst im unteren Bereich insgesamt fülliger.*

# ECHEVERIA SETOSA

**Botanischer Name** *Echeveria setosa*
**Familie** Dickblattgewächse (Crassulaceae)
**Herkunft** Mexiko
**Alternativvorschläge** Rosettendickblatt / Zebra-Haworthie

Die *Echeveria setosa* ist eine sonnenhungrige sternförmige Sukkulente, die wie andere Echeverien in einer geometrischen Rosette wächst. Die saftigen Blätter sind in weiche weiße Härchen eingebettet, was der Pflanze einen schimmernden Glanz verleiht. Sie kommt normalerweise in pastellfarbigem Grün, Blau und Violett vor. Es gibt über Hundert Sorten Echeverien, deren leuchtende Blütenpracht meist ab dem späten Frühjahr an langen Stängeln aus der Mitte der Blattrosette herausschießt.

| | |
|---|---|
| **LICHT** | Diese Pflanze an den sonnigsten Platz in der Wohnung stellen und für viel direktes Licht sorgen. |
| **TEMPERATUR** | Warmer, trockener Standort mit Temperaturen von etwa 18 °C bis 24 °C im Frühling und Sommer, im Winter nicht unter 13 °C. |
| **GIESSEN** | Aufgrund ihrer Herkunft aus trockenen Wüstenregionen braucht diese Sukkulente reichlich Wasser, jedoch nur bei vollkommen trockener Erde. Eine gute Drainage ist wichtig. Deshalb sollten Sie die Pflanze auf einen Unterteller stellen und diesen einige Stunden nach dem Wässern entleeren. |
| **NÄHRSTOFFE** | Alle drei bis vier Wochen im Frühling und Sommer mit Flüssigdünger versorgen. |
| **UMTOPFEN** | Im Frühjahr bei zu üppigem Wurzelwerk umtopfen. Für die Drainage eine Schicht Kiesel in den Topf geben. Erde Nr. 02 (S. 91) verwenden. |
| **VERMEHRUNG** | Im Frühling und Sommer mit Blattstecklingen vermehren (S. 102). |

**PLEGETIPP |** *Die Blätter einiger Echeveriensorten sind mit einer Wachsschicht überzogen, die sie im natürlichen Lebensraum vor grellem Sonnenlicht schützt. Beim Umtopfen das Berühren der Blätter vermeiden, da sie leicht zerkratzt werden oder Druckstellen bekommen.*

# WÜSTEN-LANDSCHAFTEN

In einer Pflanzschale lässt sich wunderbar eine Wüstenlandschaft en miniature nachbilden, insbesondere, wenn Sie nur einen einzigen richtig hellen Standort für Ihre geliebten Sukkulenten haben. Ein Garten in der Pflanzschale ist zwar aufwendiger als eine Zusammenstellung von Topfpflanzen, kann jedoch mit kleinen Accessoires individuell gestaltet werden. Dafür eignen sich getrocknete Flechten, ein Stückchen Holz oder edle Kristalle und Steine. Sie verleihen der Szenerie etwas Magisches und brechen gleichzeitig die komplexen geometrischen Formen der in Wüstengebieten heimischen Sukkulentenarten auf.

Da Wüstenkakteen und Sukkulenten insgesamt langsam wachsen und ähnliche Pflege erfordern, lassen sie sich gut zu einer solchen Landschaft zusammenstellen. Wir nehmen gerne Pflanzen unterschiedlicher Form, Größe und Struktur, damit jede für sich einen eigenen Blickfang bildet. So kombinieren wir etwa saftige Aloen mit dornigen Kakteen, farbenfrohe Echeverien mit haarigen Haworthien oder niedrige Lithops mit den sehr plastischen Euphorbien. Generell sollte man nur Pflanzen mit ähnlichem Licht-, Wasser- und Luftfeuchtigkeitsbedarf kombinieren, denn nur so ist eine einfache Pflege der Schale als Ganzes möglich.

Bei der Wahl der richtigen Schale sind ein paar Dinge zu beachten: Die Pflanzen mögen es nicht, eingeschlossen zu sein. Sie stehen gerne frei, umgeben von warmer, trockener Luft. Daher sollte man ein relativ offenes Behältnis wählen. Es sollte außerdem wasserdicht sein (wenn Sie eine Holzschale verwenden, diese entweder mit einer dünnen Schicht Polyurethanlack versiegeln oder mit einer Plastikfolie auskleiden). Alternativ eignet sich auch ein einfacher Metall- oder Kunststoffbehälter ebenso wie eine Schüssel oder Schale. Da junge Kakteen und Sukkulenten recht flachwurzelig sind, braucht der Behälter nicht sehr tief zu sein. Etwa zehn Zentimeter reichen schon aus. Auf der Suche nach interessanten Gefäßen stöbern wir am liebsten in Secondhandläden und auf Flohmärkten, wo wir schon oft Kleinode gefunden haben, zu denen es eine nette Geschichte gibt.

## WERKZEUGE UND MATERIALIEN

GRÖSSERE PFLANZSCHALE
KLEINE DRAINAGESTEINE UND AKTIVKOHLE
GARTENHANDSCHUHE UND HOLZLÖFFEL
KAKTEEN- UND SUKKULENTENERDE (S. 91)
AUSWAHL AN KAKTEEN UND SUKKULENTEN
DEKORATIVE STEINE UND ACCESSOIRES

### 01

Gartenhandschuhe anziehen. Die Schale etwa fünf Zentimeter hoch mit Steinen befüllen. Eine gute Handvoll Aktivkohle hinzugeben und gleichmäßig auf den Steinen verteilen. Dies ergibt eine gute Drainage für die Pflanzen, da sie stehendes Wasser aufnimmt und die Wurzeln vor Staunässe und Fäulnis schützt.

### 02

Als nächste Schicht ca. fünf Zentimeter Kakteen- und Sukkulentenerde daraufgeben. An dieser Stelle sollte man sich über den endgültigen Standort der Schale im Klaren sein: Wenn Sie mit dem Pflanzen beginnen, wollen Sie die Schale vielleicht noch mal andersherum drehen, damit die einzelnen Pflanzen sich nicht gegenseitig verdecken. Daher kann man die Erde in der Schale an verschiedenen Stellen unterschiedlich hoch aufhäufeln, damit die Landschaft plastischer wirkt.

### 03

Zum Einpflanzen der ersten Pflanze mit dem Finger, einem Löffel oder einem kleinen Spatel eine Vertiefung in die Erde drücken. Wenn die Position der Pflanze Ihnen nicht zusagt, können Sie sie auch an eine andere Stelle versetzen. Sobald Sie die richtige Position gefunden haben, ein wenig Erde rund um die Wurzeln aufhäufeln. Mit der nächsten Pflanze in gleicher Weise verfahren. Zwischen den Pflanzen genügend Platz lassen, damit sich die Wurzeln ausbreiten können und die Luft zirkulieren kann. Die Erde um die einzelnen Pflanzen herum leicht andrücken, um ihnen einen guten Halt zu verschaffen und Lufteinschlüsse zu entfernen.

### 04

Sollten noch Unebenheiten vorhanden sein, diese mit Erde auffüllen. Als Abschluss eine Schicht Steine oder anderes Dekomaterial zum Abrunden der Landschaft auflegen. Wenn alle Pflanzen eingesetzt sind und die Dekoration fertig ist, die restlichen Erdklümpchen auf den Pflanzen mit einem weichen Pinsel abbürsten.

### 05

Die gesamte Oberfläche vorsichtig mit einer Gießkanne oder Pipette wässern. Darauf achten, dass dabei weder Blätter noch Stiele besprizt werden. Um zu bestimmen, wann Sie das nächste Mal gießen müssen, einfach mit dem Finger den Feuchtigkeitsgehalt der Erde prüfen und nur gießen, wenn sie sich vollkommen trocken anfühlt. Denken Sie daran, dass Kakteen und Sukkulenten am liebsten in der Sonne stehen. Deshalb für die Schale mit der Wüstenlandschaft den hellsten Platz in der Wohnung wählen. Der befindet sich direkt unter einem Fenster oder einem Dachfenster.

NACH EIN PAAR MONATEN WERDEN SIE FESTSTELLEN, DASS EINIGE PFLANZEN GEWACHSEN, ANDERE ANSCHEINEND UNVERÄNDERT GEBLIEBEN SIND. ZU LANG GEWORDENE STIELE KÖNNEN SIE MIT EINEM SAUBEREN, SCHARFEN MESSER ABTRENNEN UND ZU GROSSE PFLANZEN AUSTAUSCHEN. WELKENDE PFLANZEN ENTFERNEN UND ERSETZEN.

# DER
# SCHREIBTISCH

*{ Gesellschaft, Beruhigung, Ablenkung }*

Pflanzen können wunderbar zur Produktivität am Schreibtisch beitragen, egal, ob es sich dabei um ein Musterstück in puncto Effektivität oder einen unübersichtlichen Haufen hastig abgelegten Zeugs und unvollendeter Projekte handelt. Sie erinnern dezent an die Welt da draußen, verleiten dazu, sie einfach nur zu betrachten und bilden einen erfrischenden Kontrast zu all der Technik, mit der wir uns oft an unserem Arbeitsplatz umgeben.

Wenn Sie an einem Platz mit wenig Tageslicht arbeiten, ziehen Sie größere tropische Blattpflanzen wie Feige, Palme oder Monstera in Betracht, die gut an Standorten mit indirekter Belichtung zurechtkommen. Man stellt sie einfach auf den Boden oder in einen Pflanzenständer, und sie verwandeln Ihren Arbeitsplatz auf wunderbare Weise in eine grüne Oase, ohne wichtige Flächen auf Ihrem Schreibtisch zu beanspruchen. Wenn Sie in der glücklichen Lage sind, über Tageslicht zu verfügen, können Sie den Arbeitsbereich mit ein paar kleineren Töpfen mit Sukkulenten auf dem Schreibtisch, auf Fensterbrettern oder Regalen auflockern. Egal, wo Sie sie hinstellen, sie benötigen wenig Pflege und nehmen es gelassen hin, wenn das Gießen gelegentlich einmal ausfällt, weil Sie gerade im Urlaub sind.

# GEIGENFEIGE

**Botanischer Name** *Ficus lyrata*
**Familie** Maulbeergewächse (Moraceae)
**Herkunft** Westafrika
**Alternativvorschläge** Gummibaum/Fensterblatt/Goldfruchtpalme

Mit den eleganten geigenförmigen Blättern und ihrer plastischen Silhouette ist die Geigenpalme ein sanfter Riese, der an jedem beliebigen Standort unweigerlich die Aufmerksamkeit auf sich zieht. Mit ihren knautschigen, glänzenden und dicht überlappenden Blättern verleiht die Pflanze jedem hellen Raum mit Tageslicht ein paradiesisches Tropenflair. Vom statuenhaften Aussehen her ist die Geigenfeige mehr ein Baum als eine Pflanze und wird bei regelmäßigem Umtopfen bis zu drei Meter groß. Die oberen Blätter können Sie problemlos abknipsen, wenn sie Deckenhöhe erreicht hat.

**LICHT**  Am besten steht sie bei mäßigem bis hellem Licht, jedoch verträgt sie morgens oder nachmittags auch ein wenig direktes Tageslicht.

**TEMPERATUR**  Im Frühling und im Sommer zwischen 18 °C und 24 °C. Im Winter verträgt sie auch gut kältere Temperaturen, aber nicht unter 13 °C.

**GIESSEN**  Überwässern schadet der Pflanze erheblich. Daher die oberen drei Zentimeter der Pflanzerde zwischen den Gießvorgängen austrocknen lassen. Zum Gießen eignet sich am besten zimmertemperiertes Regenwasser oder gefiltertes Wasser, aber das gilt eigentlich für alle der sehr sensiblen Ficusarten.

**NÄHRSTOFFE**  Einmal im Monat im Frühling und im Sommer mit verdünntem Flüssigdünger versorgen.

**UMTOPFEN**  Bei sehr üppiger Wurzelbildung im Frühling in einen nur unwesentlich größeren Topf umtopfen (ca. fünf Zentimeter größer). Dazu Substrat Nr. 1 (S. 91) verwenden.

**VERMEHRUNG**  Diese Ficusart ist bekanntlich schwer zu vermehren. Genießen Sie deshalb die Pflanze, die in Ihrem Heim steht.

**BLATTVERLUST |** *Wenn die Blätter abfallen, ist dies meist auf Überwässerung oder zu trockene Luft zurückzuführen. Die Pflanzerde zwischen den Gießvorgängen austrocknen lassen und die Blätter in wärmeren Monaten regelmäßig besprühen.*

# ERBSENPFLANZE

**Botanischer Name** *Senecio rowleyanus*
**Familie** Korbblütler (Asteraceae)
**Herkunft** Namibia
**Alternativvorschläge** Wachsblumen/Steinkraut/Mistelkaktus

Die dekorative Pflanze sieht zart aus, ist aber in Wirklichkeit recht widerstandsfähig und braucht nur unregelmäßig Wasser. Sie wächst in gemäßigtem Tempo und breitet um sich herum auch ohne große Pflege einen wahren Schauer perlenartiger Blätter aus. Da sie unter hellem Licht wächst, ist die pflegeleichte Pflanze gleichermaßen für den sonnigen Schreibtisch, das Fensterbrett oder die Pflanzenampel geeignet. Man kann die Stängel bis zu 90 Zentimeter lang herabhängen lassen oder sie kürzen und als Stecklinge für die Züchtung neuer Pflanzen verwenden.

**LICHT**  An einen Standort mit hellem diffusem oder direktem Licht stellen.

**TEMPERATUR**  Warme Zimmertemperaturen von 18 °C bis 24 °C sind während der aktiven Wachstumsperiode im Frühling und im Sommer optimal. In der Ruheperiode im Winter kühler stellen (jedoch nicht unter 10 °C), denn dies regt die Blüte im Frühjahr an.

**GIESSEN**  Einmal im Monat reichlich gießen oder wenn die oberen drei Zentimeter der Erde sich trocken anfühlen. Die Wurzeln jedoch niemals im Wasser stehen lassen. Eine gute Drainage hält die Pflanze gesund.

**NÄHRSTOFFE**  Alle zwei Wochen im Frühling und im Sommer mit Flüssigdünger versorgen.

**UMTOPFEN**  Falls erforderlich, im Frühling umtopfen. Darauf achten, dass die feinen Stängel nicht zu Schaden kommen. Substrat Nr. 02 verwenden (S. 91).

**VERMEHRUNG**  Im Frühling und im Sommer mit Stecklingen vermehren (S. 106).

**UMTOPFEN |** *Diese Sukkulente ist etwas schwierig umzutopfen: Die Stängel leicht eindrehen und nach oben halten, sodass sie oben auf der Erde aufliegen. Mit einer Handfläche dort halten. Die Pflanze jetzt auf den Kopf drehen, sie aus dem Topf nehmen und nachsehen, ob das Wurzelwerk zu üppig geworden ist.*

# LEERE WANDFLÄCHEN

*{ dekorieren, verschönern, umgestalten }*

Wänden schenkt man als potenzielle Fläche für Pflanzen oft keine Beachtung. Doch immer mehr unserer Freunde tüfteln clevere Ideen aus, die Wände für die Begrünung der Wohnung zu nutzen – entweder indem sie getrocknete Wildblumen an Haken hängen oder Luftpflanzen an dekorativen Schnüren befestigen. Auf diese Weise erhält auch der kleinste Wohnraum einen Hauch von Exotik.

Wenn Sie ein paar Nägel oder Deckenhaken anbringen dürfen (ohne dass der Vermieter Einwände erhebt), kann ein Wandbehang (S. 175), eine Pflanzenampel (S. 135) oder ein kleines Regal, auf dem ein paar Luftpflanzen Platz finden, die einfachste Möglichkeit sein, dem Raum die Strenge zu nehmen. Diese kleinen grünen Tupfer beanspruchen nicht viel Platz, geben aber einer ansonsten leeren Wand auf wundersame Weise mehr Tiefe. Eine Pflanze vor einem Spiegel aufzustellen, ist eine weitere Möglichkeit, insbesondere wenn Sie dafür eine vielblättrige und verschlungene Pflanze wählen, mit der Sie die Illusion einer doppelt so großen tropischen Pflanzenoase schaffen können.

# CAPUT-MEDUSAE

**Botanischer Name** *Tillandsia caput-medusae*
**Familie** Bromeliengewächse (Bromeliaceae)
**Herkunft** mexikanische Waldgebiete
**Alternativvorschläge** Tillandsie capitata/Tillandsie circinata

Der Name bedeutet so viel wie „Haupt der Medusa". Die Pflanze sieht aus wie ein griechisches Monster, kommt aber im realen Leben mit ihren weichen, struppigen Blättern und langen rosa- und violettfarbenen Blüten während der Blütezeit sehr viel freundlicher daher. Sie wächst auf Bäumen in den Waldgebieten Mexikos und Südafrikas und ihre gekräuselten Blätter werden bis zu 40 Zentimeter hoch. Ist kein geeigneter Platz zum Aufhängen der Luftpflanzen vorhanden, stellen Sie sie aufrecht in einen kleinen Topf, wo sie mit ihrem ungewöhnlichen Aussehen unweigerlich alle Blicke auf sich ziehen werden.

**LICHT**
Viel helles, gefiltertes Licht mit etwas direktem Tageslicht morgens und nachmittags. Auch indirektes Licht verträgt sie gut.

**TEMPERATUR**
Temperaturen zwischen 18 °C und 30 °C regen die Blüte der Pflanze an. Temperaturen von unter 12 °C vermeiden.

**GIESSEN**
Da sie in feuchten Waldgebieten heimisch ist, liebt diese Pflanze regelmäßiges und reichliches Besprühen. Einmal wöchentlich im Becken gründlich wässern.

**NÄHRSTOFFE**
Das Gießwasser im Frühling und im Sommer alle paar Wochen mit einer schwachen Dosis Orchideendünger anreichern.

**VERMEHRUNG**
Wie die meisten Luftpflanzen bildet die *Caput-medusae* nach der Blütezeit neue Ableger oder „Schößlinge" unten zwischen den Blättern. Weitere Tipps zur Vermehrung auf Seite 114.

---

**NACH DEM WÄSSERN** | *Da sie unten knollenförmig ist, ist die Caput-medusae empfindlich gegen Fäulnis, die sich bei einem Überschuss an Wasser bildet. Nach dem Wässern im Becken vollkommen abtrocknen lassen (idealerweise auf einer Arbeitsfläche auf den Kopf legen), bevor sie wieder an ihren gewohnten Platz kommt.*

# BULBOSA

**Botanischer Name** *Tillandsia bulbosa*
**Familie** Bromeliengewächse (Bromeliaceae)
**Herkunft** Südmexiko, Westindische Inseln und Brasilien
**Alternativvorschläge** Tillandsia butzii / Tillandsia pseudobaileyi

Die *Tillandsia bulbosa* blüht in prächtigen Farben und hat die Form einer Knolle. Sie erinnert an einen Alien und hat spiralförmig verdrehte Blätter, die sich aufgrund ihrer Länge und Form gut an der Wand befestigen lassen. Die sukkulentenartigen Blätter speichern Wasser, weshalb sich diese Pflanze für Kinder oder Besitzer, die schon mal das Gießen vergessen, besonders gut eignet. Die Luftpflanze ist äußerst blühfreudig, die Blüte bildet sich dabei aus der scharlachroten Rosette in der Pflanzenmitte. Die Blüte bleibt einige Monate in violetten Tönen erhalten, bevor sie am Ende abstirbt.

**LICHT**      Diese Luftpflanzensorte kommt mit bescheidenen Lichtverhältnissen aus, d. h. schattiges bis mäßig helles Licht genügen ihr.

**TEMPERATUR**      Tagsüber verträgt sie ca. 10 °C bis 30 °C und nachts kühlere Temperaturen.

**GIESSEN**      Da sie in feuchten Waldgebieten oder an Flussufern heimisch ist, wächst diese Spezies bei hoher Luftfeuchtigkeit und liebt daher regelmäßiges Besprühen. In wärmeren Monaten sogar bis zu dreimal wöchentlich. Nach dem Wässern im Becken darauf achten, dass überschüssiges Wasser abgeschüttelt wird, um Fäulnisbildung zu vermeiden.

**NÄHRSTOFFE**      Das Gießwasser während der aktiven Wachstumsperiode alle paar Wochen mit ein paar Tropfen verdünntem Orchideendünger anreichern.

**VERMEHRUNG**      Nach der Blüte bildet die *Tillandsia bulbosa* am unteren Ende neue Pflänzchen. Wenn man sie dort belässt, bilden sie ein ungewöhnlich aussehendes Pflanzenbüschel. Die ausgereiften Ableger kann man jedoch auch abnehmen und daraus neue Pflanzen ziehen. Weitere Tipps zur Vermehrung auf Seite 114.

**ARRANGIEREN** | *Wenn man diese Pflanze aufrecht auf ein Regal stellt oder in einen Wandbehang einsetzt, darauf achten, dass man sie nach dem Wässern zunächst kopfüber trocknet, damit kein überschüssiges Wasser mehr zwischen den Blättern vorhanden ist und keine Fäulnis entstehen kann.*

# WANDBEHANG AUS FUNDSTÜCKEN

Viele Materialien, die wir für unsere Pflanztöpfe und -ampeln benutzen, haben wir von unseren Reisen mitgebracht. Das reicht von den raffiniert gemusterten marokkanischen Marmorkugeln, die wir als Verschluss für Terrarien benutzen, bis hin zu kristallisierten Mineralien und seidig schimmerndem Treibholz, das wir an den Küsten Englands fanden. Wie verwitterte Souvenirs der verschiedenen Landschaften scheinen sie unsere Wohndeko mit einer taktilen Note zu versehen und Erinnerungen an Abenteuer in weiter Ferne hervorzurufen.

Für dieses Dekostück brauchen Sie nur drei Dinge: einen Nagel, ein Seil und ein Stück Holz. Wenn Sie einen Bohrer besitzen, können Sie ein paar Löcher in das Holz bohren und das Seil hindurchziehen, anderenfalls kann man das Seil auch einfach an das Holz knüpfen.

Bei dieser Bastelanleitung geht es um Einfachheit. Sie können also nach Belieben mit anderen Materialien, die Sie gerade zur Hand haben, improvisieren. Anstelle des Seils kann man auch Garn, Gewebe oder eine Schnur verwenden, und das Treibholz lässt sich gut durch einen Holzstab aus dem Handel oder ein Stück Kupferrohr ersetzen. Luftpflanzen sind ideal für die Dekoration von Wandbehängen, da sie indirektes Licht mögen und für das Wässern problemlos abgenommen werden können. Für die persönliche Note können Sie das fertige Exemplar noch mit ein bisschen Dekomaterial verzieren.

EIN STÜCK TREIBHOLZ
SEIL, SCHNUR ODER GARN
NAGEL ODER BILDERHAKEN
HAMMER
BOHRER (OPTIONAL)
LUFTPFLANZEN
FUNDSTÜCKE

### 01

Wenn Sie einen Bohrer für die Befestigungslöcher verwenden, markieren Sie je eine Stelle an beiden Enden des Holzstückes, wo der Faden hindurchgezogen werden soll. Doch das Bohren von Löchern ist für dieses Schmuckstück nicht so wichtig. Falls Sie also keinen Bohrer zur Hand haben, ignorieren Sie diesen Step einfach und fahren mit Schritt 03 fort. Ist das Holzstück krumm oder verdreht, halten Sie es zunächst an die Wand und entscheiden dann vor dem Bohren der Löcher, wie es hängen soll.

### 02

Je nach der Dicke des Seils oder der Schnur einen geeigneten Holzbohrer wählen. Suchen Sie eine Fläche im Freien, wo Sie das Holzstück ablegen können. Legen Sie das zu bohrende Ende des Stücks so, dass es über die Oberfläche hinausragt. Das Holz mit einer Hand fest in Position halten und darauf achten, dass die Hand und die Finger nicht in die Nähe des Bohrloches kommen. Vorsichtig das erste Loch durch das Holz bohren. Auf der anderen Seite genauso verfahren. Danach das Seil jeweils mit einem Ende durch ein Loch führen, beide Enden verknoten und festzurren, damit der Knoten gut hält.

### 03

Falls Sie keine Löcher in das Holz bohren möchten, den Bindfaden einfach an beiden Enden des Holzstückes verknüpfen. Dabei sollten Sie überlegen, wie weit das Holzstück unterhalb des Nagels hängen soll. Probieren Sie verschiedene Arten der Befestigung des Fadens aus. Die Knoten können ganz einfach oder auch komplizierter sein und sollten am Ende festgezurrt werden, damit sie gut halten.

### 04

Wenn der Faden sicher an beiden Enden des Holzstückes befestigt ist, den Wandbehang an einen Nagel oder Haken anbringen. Anschließend mit Luftpflanzen und anderen dekorativen Gegenständen verzieren und diese nach Belieben auf dem Holzstück drapieren.

FALLS DIE LUFTPFLANZEN ODER FUNDSTÜCKE SICH NUR SCHWER AN DEM HOLZSTÜCK BEFESTIGEN LASSEN, KANN MAN SIE EINFACH VORSICHTIG MIT EINEM STÜCK TRANSPARENTER ANGELSCHNUR ODER EINEM DÜNNEN FADEN BEFESTIGEN. DIE LUFTPFLANZEN SOLLTEN WÖCHENTLICH BESPRÜHT WERDEN, UM SIE GESUND ZU HALTEN. JEDOCH MÖGEN SIE AUCH GELEGENTLICHES WÄSSERN IM BECKEN, WESHALB MAN SIE NICHT ZU FEST ANBRINGEN SOLLTE.

# UNVERWÜSTLICHE MITBEWOHNER

*{ temperamentvoll, robust, treu }*

Leider gehen alle Zimmerpflanzen irgendwann ein, wenn man ihre Bedürfnisse über lange Zeit missachtet. Einige von ihnen schlagen jedoch zurück, egal, was das Leben (oder ihr Besitzer) ihnen zumutet. Auf den folgenden Seiten stellen wir drei Pflanzen vor, die selbst langen Durststrecken, Zugluft und Dunkelheit trotzen. Diese zuverlässigen Pflanzen werden wahrscheinlich alle Widrigkeiten überleben und empfehlen sich daher für Menschen, die häufig auf Reisen sind, vergessliche Pflanzenfreunde und den Möchtegerngärtner, dem einfach der grüne Daumen fehlt.

Die Pflanzen haben wir aus verschiedenen Gründen ausgewählt. Daher sollte man stets schauen, weshalb jede einzelne von ihnen so pflegeleicht ist. Denn so könnten zum Beispiel der Bogenhanf (S. 183) und der Farnblattkaktus *Selenicereus chrysocardius*, beide extrem resistent gegen mangelndes Gießen, infolge einer zu gut gemeinten Wasserration im Winter eingehen.

Sobald Sie sich darüber im Klaren sind, welche Pflanzenarten zu Ihrem Lebensstil und Ihren Wohnverhältnissen passen, holen Sie sie mit dem sicheren Gefühl zu sich nach Hause, dass sie Ihnen wohl keine Schuldgefühle vermitteln werden, indem sie zu wenig Pflege mit Beleidigtsein oder Verdursten quittieren.

# GLÜCKSFEDER

**Kartonpapier-Palme | Zamie**
**Botanischer Name** *Zamioculcas zamiifolia*
**Familie** Aronstabgewächse (Araceae)
**Herkunft** Süd- und Ostafrika
**Alternativvorschläge** Sagopalme/Gummibaum/Balsamapfel

Für den zerstreuten Pflanzenfreund ist dies genau die richtige Pflanze. Die Glücksfeder braucht nur wenig Licht, überlebt lange Perioden der Vernachlässigung und ist immun gegenüber vielen Schädlingen, die anderen Zimmerpflanzen Schaden zufügen. Die naturgemäß kräftigen und wie poliert aussehenden Blätter blühen im Sommer und Herbst bronzefarben – die „Stängel" sind eigentlich Blätter, die direkt aus der Erde wachsen. An diesen wachsen die smaragdgrünen glänzenden Blätter jeweils paarweise. In Innenräumen wird die Pflanze bis zu 60 Zentimeter hoch und sieht bei entsprechender Größe eher aus wie ein tropischer Baum en miniature.

**LICHT**      Sie braucht viel indirektes Licht, überlebt aber auch unter weit schlechteren Lichtverhältnissen, wenn sie morgens oder nachmittags ein wenig Licht bekommt. Wenn Sie in einer warmen Klimazone leben, stellen Sie sie nicht in die grelle Mittagssonne.

**TEMPERATUR**      Temperaturen zwischen 18 °C und 26 °C fördern die Blattbildung und sind optimal für die Gesundheit der Pflanze. Auch kühlere Standortbedingungen verträgt sie gut, jedoch nicht unter 15 °C.

**GIESSEN**      Überwässerung lässt die Pflanze eingehen, da die bauchigen Wurzelknollen durch überschüssige Feuchtigkeit leicht faulen. Nur wässern, wenn die oberen drei Zentimeter der Erde vollkommen trocken sind, und ansonsten für gute Drainage sorgen.

**NÄHRSTOFFE**      Im Frühling und im Sommer jeweils einmal monatlich mit Flüssigdünger (ein Teil Dünger auf vier Teile Wasser) versorgen.

**UMTOPFEN**      Falls erforderlich, im Frühling umtopfen. Substrat Nr. 01 (S. 91) verwenden.

**VERMEHRUNG**      Im Frühling und im Sommer mit Stecklingen (S. 106) vermehren. Das Wurzeln kann jedoch bis zu einem Jahr dauern.

---

**KLEINE LEUTE UND NEUGIERIGE PFOTEN |** *Diese Pflanze ist nicht für Menschen mit neugierigen Haustieren oder sehr kleinen Kindern geeignet, da der Verzehr Magenverstimmungen hervorrufen kann.*

# BOGENHANF

**Schwiegermutterzunge**
**Botanischer Name** *Sansevieria trifasciata*
**Familie** Spargelgewächse (Asparagaceae)
**Herkunft** Süd- und Westafrika
**Alternativvorschläge** Grünlilie/Friedenslilie/Schusterpalme

Diese nachsichtige Pflanze trotzt selbst dem unverantwortlichsten Pflanzenliebhaber, erduldet mangelndes Gießen, überlebt unter fast allen Lichtverhältnissen und muss nur selten umgetopft werden. In ihrer aktiven Wachstumsperiode wächst sie langsam. Ihre vertikalen Blätter haben eine auffällige grün-marmorierte Zeichnung und sind bisweilen an den Rändern goldfarbig eingefasst. Sie benötigen keinen Rückschnitt.

**LICHT** — Obwohl sie helles Licht bevorzugt, passt sie sich jeglichen Lichtverhältnissen an.

**TEMPERATUR** — Da der Bogenhanf in tropischen Gebieten in Nigeria und im Kongo heimisch ist, steht er gerne in der Wärme bei Temperaturen von 18 °C bis 26 °C und braucht im Winter mindestens 13 °C.

**GIESSEN** — Im Frühling und im Sommer mäßig gießen. Dabei die Erde gründlich durchnässen und die oberen drei Zentimeter zwischen den Gießvorgängen austrocknen lassen. Überwässerung lässt die Pflanze insbesondere im Winter absterben.

**NÄHRSTOFFE** — Einmal monatlich im Frühling und im Sommer mit Flüssigdünger versorgen.

**UMTOPFEN** — Die Wurzeln der Pflanze gedeihen am besten, wenn sie möglichst üppig belassen werden. Umtopfen ist nur alle paar Jahre im beginnenden Frühjahr erforderlich. Zwischen dem Umtopfen gelegentlich die obere Erdschicht entfernen und mit frischer Erde auffüllen.

**VERMEHRUNG** — Im Frühling durch Teilung vermehren (S. 111)

**GIFTSTOFF-STAUBSAUGER** | *Der Bogenhanf zählt nicht nur zu den robustesten Zimmerpflanzen, sondern er reinigt zudem auch die Luft von schädlichen Giftstoffen, die im Haus vorkommen.*

# SÄGEBLATT-
# KAKTUS

**Fischgrätenkaktus**
**Botanischer Name** *Epiphyllum anguliger*
**Familie** Kakteengewächse (Cactaceae)
**Herkunft** Mexiko
**Alternativvorschläge** Farnblattkaktus / Epiphyllum

Mit seinem einzigartigen Aussehen nimmt der wellenförmige Sägeblattkaktus unmittelbar jeden leeren Platz für sich ein, benötigt aber im Gegenzug nur wenig Pflege. Die sukkulentenartigen, zehenförmigen Blätter breiten sich weit aus und kommen deswegen am besten an einem zentralen Platz im Wohnzimmer oder in einer Pflanzenampel zur Geltung. Die Epiphytensorte mit Ursprung im tropischen Regenwald Mexikos öffnet ihre duftenden weißen und zartrosa Blüten im Frühling und im Sommer in der Nacht.

| | |
|---|---|
| **LICHT** | Da sie an ihrem heimischen Standort an gedämpftes Sonnenlicht gewöhnt ist, bevorzugt die Pflanze helles, indirektes Licht und, wenn möglich, morgens und nachmittags ein wenig direktes Tageslicht. |
| **TEMPERATUR** | Zimmertemperaturen zwischen 12 °C und 20 °C, im Winter an kühlere Standorte stellen. Das bewirkt eine Ruheperiode und begünstigt gesundes Wachstum im Frühling und im Sommer. |
| **GIESSEN** | In Frühlings- und Sommermonaten reichlich wässern, wenn die oberen drei Zentimeter Erde vollkommen trocken sind. Überschüssiges Wasser jedoch unbedingt nach ein paar Stunden aus dem Unterteller der Pflanze schütten. Im Winter spärlicher gießen, nur wenn die Erde vollkommen trocken ist. |
| **NÄHRSTOFFE** | Einmal monatlich im Frühling und im Sommer mit Flüssigdünger versorgen. Dies regt die Blüte an. |
| **VERMEHRUNG** | Im Frühling mit Blattstecklingen vermehren (S. 102). |

**PFLEGE |** *Obwohl sie sehr dünn sind, können die Dornen mancher Waldkakteen die Haut leicht durchdringen und Hautreizungen verursachen. Bei der Pflege Handschuhe tragen, insbesondere beim Versetzen in eine Pflanzenampel.*

# SKURRILE
# OBERFLÄCHEN

*{ humorvoll, unverwechselbar, ungewöhnlich }*

Wir sind der festen Überzeugung, dass sich auch auf kleinstem Raum Platz für einen Hauch von tropischem Flair findet. Falls sich weder Tische, Regale oder Fensterbretter dafür anbieten, wird eine ungewöhnliche Pflanze auch auf einem Stuhl in der Ecke, dem Nachttisch oder einem Bücherstapel zum exotischen Blickfang und dabei gleichzeitig den begrenzten Platz so gut wie möglich nutzen.

Eine ungewöhnliche Fläche ruft geradezu nach einer ungewöhnlichen Pflanze. Deshalb stellen wir hier zwei unserer absoluten Lieblingsexzentriker vor: Beide werden augenblicklich die Aufmerksamkeit aller im Raum auf sich ziehen. In hellen Zimmern sind Kriechkakteen wie der Affenschwanzkaktus oder Rhipsalissorten mit ihren rosafarbenen und roten Blüten im Frühling eine Augenweide. An Plätzen mit weniger natürlichem Sonnenlicht wachsen die blühenden Sorten der ausgefallenen und wunderbaren Familie der Bromelien hervorragend unter halbschattigem, indirektem Lichteinfall.

# AFFENSCHWANZ

**Botanischer Name** *Hildewintera colademononis/Cleistocactus colademononis*
**Familie** Kakteengewächse (Cactaceae)
**Herkunft** Bolivien
**Alternativvorschläge** *Rhipsalis paradoxa*/Mistelkaktus

Dieser flauschige Kaktus wächst an Zweigen und steilen Klippen im Gebirge von Santa Cruz in Bolivien. Die kriechenden Stängel werden dort bis zu zweieinhalb Meter lang und sind mit einer dicken Schicht haariger Dornen überzogen, die die Pflanze im Sommer vor starker Sonneneinstrahlung schützen. Am besten stellt man sie an einen Platz mit viel frischer Luft. Im Frühling dürfte Ihr fotogener Begleiter Sie mit surreal aufsprießenden orange- und pinkfarbenen sowie roten Blüten über die gesamte Stängellänge überraschen.

**LICHT**
Diese Sorte braucht helles, direktes Licht. Dann glänzt sie mit ihrem Schleier aus fülligem Pelz.

**TEMPERATUR**
In wärmeren Monaten ist jegliche Zimmertemperatur geeignet. Im Winter braucht sie eine Ruheperiode und steht am besten bei 10 °C bis 12 °C.

**GIESSEN**
Im Frühling und im Sommer reichlich wässern, wenn die oberen drei Zentimeter Erde vollkommen trocken sind. Jedoch für eine gute Drainage sorgen. Die Gießfrequenz im Herbst und Winter verringern und nur gießen, wenn die Erde ganz trocken ist.

**NÄHRSTOFFE**
Den Affenschwanz während der aktiven Wachstumsperiode alle zwei Wochen düngen, um die Blüte anzuregen.

**UMTOPFEN**
Falls erforderlich, nach der Blüte in einen nur wenig größeren Topf umsetzen. Substrat Nr. 02 (S. 91) verwenden.

**VERMEHRUNG**
Im späten Frühjahr oder Frühsommer mit 15 Zentimeter langen Stecklingen aus der Spitze vermehren und diese wie Ableger behandeln (S. 114–116).

---

**BEARBEITUNG |** *Im Gegensatz zu seinem sanftmütigen Aussehen verliert dieser Kaktus seine dünnen Dornen recht schnell, wenn er angefasst wird, und kann so Hautreizungen hervorrufen. Beim Berühren der Pflanze immer dicke Gartenhandschuhe tragen und sie so positionieren, dass man sie nicht aus Versehen streift.*

# LANZENROSETTE

**Botanischer Name** *Aechmea fasciata*
**Familie** Bromeliengewächse (Bromeliaceae)
**Herkunft** Brasilien
**Alternativvorschläge** Ananaspflanze/Guzmania/Flammendes Schwert

Diese atemberaubend schöne Bromelie wächst auf dem Boden brasilianischer Regenwälder, wo sich die Feuchtigkeit in den starken, silbrig-grün gesprenkelten Blättern wie in einer wasserdichten „inneren Vase" sammelt. Nach etwa fünf Jahren bildet die Pflanze in der Mitte ein einziges Knospendeckblatt. Das blüht monatelang in leuchtendem Pink und Violett, doch leider stirbt die Pflanze nach der Blüte ab. Deswegen sollte man nur ein blühendes Exemplar kaufen, wenn man bereit ist, die Ableger zu vermehren oder die Pflanze nach etwa sechs Monaten zu ersetzen.

**LICHT**
Wie viele Bromelien mag die Pflanze gerne helles, indirektes Licht, verträgt jedoch auch ein wenig direkten Sonnenschein am Morgen oder am Nachmittag.

**TEMPERATUR**
Temperaturen von etwa 18 °C bis 24 °C halten die Pflanze gesund und regen die Blüte an. Nachts und im Winter dürfen die Temperaturen etwas kühler sein.

**GIESSEN**
Das Gießwasser ein- bis zweimal im Monat in die innere Rosette füllen. Regenwasser wäre optimal, es geht jedoch auch ohne. Die Erde nur wässern, wenn sich die oberen drei Zentimeter vollkommen trocken anfühlen. Die Pflanze gelegentlich auch gerne besprühen.

**NÄHRSTOFFE**
In den Frühjahrs- und Sommermonaten die Erde mit etwas verdünntem Flüssigdünger versorgen.

**UMTOPFEN**
Wenn man eine blühende Pflanze kauft, besteht kein Grund zum Umtopfen. Wenn sie nicht blüht, kann man sie im Frühling versetzen, wenn die Wurzeln zu üppig werden. Dazu Substrat Nr. 01 (S. 91) verwenden.

**VERMEHRUNG**
Nach dem Blühen bildet die Pflanze Ableger. Zu diesem Zeitpunkt erreicht die Mutterpflanze das Ende ihrer Wachstumsperiode und stirbt langsam ab, dient jedoch noch eine Weile als Nährstoffspeicher für die jungen Triebe. Die Ableger nur in den Sommermonaten entfernen, sobald sie eine Größe von etwa zehn Zentimetern erreicht haben, und in feuchte Erde pflanzen. Weitere Tipps zum Umtopfen finden Sie auf Seite 114.

# KLEINE HÄNDE

*{ spielen, lernen, pflegen }*

Das Beste an der Arbeit an einem Marktstand ist der unaufhörliche Strom von Menschen, der jeden Tag dort vorbeikommt: Fröhliche, entspannte Menschen jeden Alters, die einfach nur stöbern und entdecken wollen – eine wundervolle Atmosphäre für Gespräche mit unseren Kunden. Und dabei haben wir schon früh gelernt: Kinder sind wie verzaubert von ungewöhnlichen Pflanzen.

Es gibt viele Gründe, warum Zimmerpflanzen sich besonders gut für Kinder eignen. Die Kleinen bekommen so einen Einblick in die Wunderwelt der Botanik und lernen, wie befriedigend es ist, wenn man sich um ein anderes Lebewesen kümmert, insbesondere wenn Haustiere nicht infrage kommen. Es erstaunt uns immer wieder, den angeborenen Wunsch eines Kindes zum Hegen und Pflegen zu sehen, und oft greift ein kleines Händchen unterhalb unserer Augenhöhe nach den Kakteen in vorderster Reihe, bevor es von einem amüsierten Elternteil sanft weggezogen wird.

Einige Pflanzen würden in der Obhut eines begeisterten Kindes wohl kaum überleben, aber andere geben einen wundervollen Begleiter ab. Weichere Kakteen sind eine praktische Wahl, da sie sehr langsam wachsen und auch eine rüdere Behandlung schon mal verzeihen. Die Schlangen-Fetthenne lässt sich besonders gut vermehren und eignet sich so für Experimente mit neuen Pflanzentrieben. Luftpflanzen sind ebenfalls eine gute Option, brauchen aber ein bisschen mehr Pflege.

# SCHLANGEN-FETTHENNE

**Fetthenne | Affenschaukel**
**Botanischer Name** *Sedum morganianum*
**Familie** Dickblattgewächse (Crassulaceae)
**Herkunft** Südmexiko
**Alternativvorschläge** Mauerpfeffer/Geldbaum/Leuchterblumen

Diese saftige Fetthenne haben wir erstmals im Pflanzenhaus des Barbican in London entdeckt, wo sie wie ein Wasserfall aus bootsförmigen Blättern mit rostroten kronenartigen Blüten auftauchte. Am besten kommt sie in einer Pflanzenampel zur Geltung, am Rande eines hellen Bücherregals oder auf einem Fensterbrett. Die hängenden Stängel der Pflanze sind ein Feuerwerk an Farben und werden mit ihren taubenblauen und grünen Schattierungen bis zu einem Meter lang. Da die Blätter leicht abfallen, ist die Pflanze perfekt geeignet, um mit Kindern das Vermehren von Pflanzen zu üben.

**LICHT**        Fetthennen lieben direktes Licht, das die Farbschattierung der fleischigen Blätter der Pflanze besser zur Geltung bringt und im Sommer die Blüte anregt. Zu wenig Licht schwächt die Stängel.

**TEMPERATUR**   Zwischen 15 °C und 24 °C , nachts und im Winter nicht unter 13 °C.

**GIESSEN**      Die Erde gründlich wässern, jedoch die oberen drei Zentimeter vor dem nächsten Gießen austrocknen lassen. Überwässerung schädigt die Pflanze schon nach kurzer Zeit, insbesondere im Herbst und Winter. Während der Ruheperiode im Winter die Erde zwischen den Gießvorgängen vollkommen austrocknen lassen und darauf achten, dass der Topf mit einer guten Drainage versehen ist.

**NÄHRSTOFFE**   Fetthennen brauchen keine regelmäßige Düngung.

**UMTOPFEN**     Falls erforderlich, im Frühling umtopfen. Die Pflanze sorgfältig behandeln, da die Blätter sehr empfindlich sind. Substrat Nr. 02 (S. 91) verwenden.

**VERMEHRUNG**   Im Frühling oder Sommer mit Blattstecklingen vermehren (S. 102).

# GREISENHAUPT

**Botanischer Name** *Cephalocereus senilis*
**Familie** Kakteengewächse (Cactaceae)
**Herkunft** Mexiko
**Alternativvorschläge** Silberkerzenkaktus/Puderquastenkaktus

Der Greisenhauptkaktus ist mit seiner säulenartigen Form und den vertikalen Rillen unter seinem auffällig haarigen Mantel, der ihn gegen Frost schützt, ein charaktervoller Kerl. Er ist besonders widerstandsfähig und stammt aus den Trockenzonen Mexikos, wo er mehrere Hundert Jahre alt und bis zu 15 Meter hoch werden kann. In Innenräumen wird er nicht die volle Reife erlangen, obwohl er gelegentlich trompetenartige magentafarbene Blüten bildet, die ein Hinweis darauf sind, dass er seit zehn bis zwanzig Jahren am gleichen Standort steht.

**LICHT**
Da seine Haarpracht ihn vor grellem Sonnenlicht in der Wildnis schützt, liebt dieser Kaktus es, ständig in praller Sonne zu stehen. Bei zu wenig Licht wird sein Haarkleid dünner und sein Stamm wächst unnatürlich lang.

**TEMPERATUR**
Im Frühling und im Sommer zwischen 10 °C und 30 °C und ein wenig kühler in der Ruheperiode im Herbst und Winter.

**GIESSEN**
Im Frühling und im Sommer gießen, wenn sich die oberen drei Zentimeter der Erde trocken anfühlen. In der Ruheperiode nur gießen, wenn die Erde durch und durch trocken ist. Wie alle Kakteen begünstigt zu viel Wasser im Herbst und im Winter die Fäulnisbildung. Deswegen darf er nicht in Räumen mit hoher Luftfeuchtigkeit stehen.

**NÄHRSTOFFE**
Einmal monatlich mit einem Kaktusdünger versorgen. Dabei die Haare nicht besprizten.

**UMTOPFEN**
Wie die meisten langsam wachsenden Sukkulenten braucht dieser Kaktus im Frühling nur umgetopft zu werden, wenn die Wurzeln sichtbar werden. Seien Sie vorsichtig bei der Handhabung, denn unter dem trügerischen weichen Haarkleid verbergen sich scharfe kleine Dornen.

**VERMEHRUNG**
Die Vermehrung dieser Sorte ist nur etwas für Fortgeschrittene.

---

**PFLEGE |** *Falls sich kleine Erdklümpchen oder Staubflocken am Greisenhaupt angeheftet haben, diese mit einem weichen und trockenen Pinsel abbürsten.*

# DIE GRÜNE COMMUNITY

*dekorieren, sich austauschen und feiern in einem Pflanzenhaus*

Auf unserer Reise in die Welt der Pflanzen suchten wir nach einem Gefühl der Verbundenheit – nicht nur mit der Natur, sondern auch mit Orten und Menschen. Bei unserer intensiven Suche nach interessanten Pflanzen und Objekten, die wir dann mit Menschen aus unserem Umfeld zusammenbrachten, hatten wir tatsächlich das Gefühl, mit der Welt um uns herum verbunden zu sein, andere Menschen zu erreichen und auf einer Wellenlänge mit unseren Freunden zu sein. So entstand ein Sinn für Gemeinschaft. Er inspirierte uns, noch mehr zu entdecken, zu experimentieren und mit anderen zu teilen.

Wir lernten, dass Pflanzen dafür sorgen, dass man sich zu Hause oder in einem öffentlichen Raum wohl und geborgen fühlt – und dass sie uns zum Nachdenken anregen. In Momenten, wo wir sehr konzentriert arbeiteten, besonders bei unseren Workshops, waren es die Pflanzen, die einer ruhigen und überlegten Arbeitsweise besonderen Wert verliehen.

Darüber hinaus sind sie auch dekorativ, unterhaltsam und lebensbejahend – am Abend mit Freunden bei Kerzenschein scheint die riesige Palme, die ihre Schatten schützend über die halbleeren Teller wirft, das Leben zu einer ultimativen Feier zu machen. Ob zum Geburtstag, bei einer Hochzeit oder bei einem einfachen Dinner am Wochenende schaffen Pflanzen auf wunderbare Weise einen fantasievollen Raum, in dem man sich für einige Stunden verlieren kann. Wenn die Tischdekoration dann noch mit ein paar grünen Farbtupfern abgerundet wird, bleiben solche Momente ganz besonders in Erinnerung.

Möglicherweise findet sich hier die Antwort: Pflanzen laden uns ein, in die Welt hinauszugehen, um sie zu entdecken und schaffen im Gegenzug für uns ein Zuhause als Ort der Zuflucht.

# XEROGRAPHICA

**Botanischer Name** *Tillandsia xerographica*
**Familie** Bromeliengewächse (Bromeliaceae)
**Herkunft** Guatemala
**Alternativvorschläge** *Tillandsia caput-medusae/Tillandsia capitata*

Die majestätisch aussehende *Tillandsia xerographica* wird bis zu 25 Jahre alt. Sie gehört zu den einzigen Luftpflanzensorten, die direktes Licht vertragen und in der warmen Jahreszeit im Freien stehen können. Die plastische, silbergrüne Pflanze bringt in jeder Blüteperiode nur eine einzige violettfarbene Blüte hervor. Als extrem langsam wachsende Aufsitzerpflanze ist die *Tillandsia xerographica* auch unglaublich widerstandsfähig. Man kann sie an einem dünnen Faden aufhängen oder in eine Schale oder auf eine Dekofläche legen.

**LICHT**     Die Pflanze bevorzugt Sonnenlicht, verträgt aber ebenso gut einen schattigen Platz.

**TEMPERATUR**     Ganzjährig zwischen 10 °C und 30 °C.

**GIESSEN**     Einmal wöchentlich mit zimmertemperiertem Wasser besprühen oder im Becken wässern. Anschließend überschüssiges Wasser abschütteln, um Fäulnisbildung zwischen den Blättern zu vermeiden. Wenn sich die Blätter zu sehr kräuseln, ist dies ein Anzeichen für Austrocknung, und die Pflanze sollte häufiger gegossen werden.

**NÄHRSTOFFE**     Die *Tillandsia xerographica* im Frühling und im Sommer alle paar Wochen beim Wässern mit einem Luftpflanzendünger versorgen

**VERMEHRUNG**     Während ihrer Lebensdauer bildet die Pflanze bis zu achtmal neue Pflanzentriebe. Die Ableger nennt man gemeinhin „Schößlinge". Sie wachsen zwischen den Blättern der Mutterpflanze. Sobald sie etwa ein Viertel so groß sind wie die Mutterpflanze, kann man sie vorsichtig abnehmen, nachdem man sie zuvor gründlich gewässert hat. Weitere Tipps zur Vermehrung finden Sie auf Seite 114.

**PFLEGETIPP |** *Bei der Pflanze immer für frische Luft sorgen, damit sich zwischen den Blättern keine Feuchtigkeit ansammeln kann, die dort stehen bleibt.*

# OAXACANA

**Botanischer Name** *Tillandsia oaxacana*
**Familie** Bromeliengewächse (Bromeliaceae)
**Herkunft** Mexiko
**Alternativvorschläge** *Tillandsia magnusiana/Tillandsia plagiotropica*

Die sternförmige *Tillandsia oaxacana* wurde im mexikanischen Bundesstaat Oaxaca entdeckt. Während die Blätter wachsen und sich ausbreiten, wechselt die Farbe ihrer weichen, kreidiggrünen Blätter von Hell- nach Dunkelgrün. Die einzelnen Blätter sind mit einem silbrigen Flaum überzogen, wodurch sich die Pflanze besonders samtig anfühlt. Sie zählt zu den widerstandsfähigeren Sorten, wird bei voller Reife bis zu 20 Zentimeter groß und bildet leuchtend violette und gelbe Blüten.

| | |
|---|---|
| **LICHT** | Sie bevorzugt helle Standorte mit indirektem Licht. Bei zu viel direktem Sonnenlicht kräuseln sich die Blätter, die Pflanze trocknet aus und kann mitunter absterben. |
| **TEMPERATUR** | Zwischen 10 °C und 30 °C, nachts kühler. |
| **GIESSEN** | In wärmeren Monaten mindestens einmal wöchentlich reichlich mit zimmertemperiertem Wasser besprühen oder im Becken wässern. Wie bei allen Luftpflanzen danach überschüssiges Wasser abschütteln, damit sich zwischen den dicht beieinanderliegenden Blättern keine Fäulnis bildet. Wenn sich die Blätter zu sehr kräuseln, ist dies ein Anzeichen für zu wenig Wasser. |
| **NÄHRSTOFFE** | Bei dieser Sorte das Gießwasser im Frühling und im Sommer alle paar Wochen mit einem verdünnten Orchideendünger anreichern. |
| **VERMEHRUNG** | Luftpflanzen bilden bei voller Reife unten zwischen den Blättern neue Pflänzchen. Wenn die Ableger die Größe von etwa zwei Dritteln der Mutterpflanze erreicht haben, kann man sie vorsichtig abnehmen, nachdem man sie zuvor in reichlich Wasser aufgeweicht hat. Weitere Tipps zur Vermehrung finden Sie auf Seite 114. |

---

**RÜCKSCHNITT** | *Wenn die äußeren Blätter trocken und lose werden, ist dies kein Grund zur Sorge. Neue Blätter entstehen in der Pflanzenmitte, und die älteren Blätter kann man einfach vorsichtig abpflücken.*

# SPANISCHES MOOS

**Louisianamoos**
**Botanischer Name** *Tillandsia usneoides*
**Familie** Bromeliengewächse (Bromeliaceae)
**Herkunft** Subtropische Gebiete in Florida, Südamerika und Chile

Das Spanische Moos ist die weitverbreitetste Luftpflanze in freier Natur und eine echte Aufsitzerpflanze. Sie wächst in dichten, zierlichen Schwaden von bis zu sechs Metern Länge in Baumkronen. Ab der Frühjahrsmitte bildet sie winzige lindgrüne, duftende Blüten. Diese einfache ätherische Pflanze sieht mit ihren federartigen Bündeln sehr markant aus. Am besten hängt man sie an einen Haken, an eine Gardinenstange oder in eine Pflanzenampel oder platziert sie auf einem Fensterbrett oder Bücherregal. Da sie so weich und biegsam ist, dekorieren wir damit oft den Tisch für ein Abendessen mit Freunden. Doch am liebsten hängt sie einfach herunter.

**LICHT** Das Spanische Moos gedeiht gut in heller oder schattiger Umgebung. Direktes Sonnenlicht mag sie hingegen gar nicht.

**TEMPERATUR** Diese Sorte verträgt eine breite Temperaturspanne von sehr hohen bis zu niedrigen Zimmertemperaturen. Doch sollte man sie nicht umstellen, wenn sie sich an einen Standort gewöhnt hat, denn plötzliche Änderungen der Lebensbedingungen verträgt sie nicht gut.

**GIESSEN** Da die Blätter so dünn sind, reagiert das Spanische Moos empfindlich, wenn es zu wenig Wasser bekommt. Am liebsten steht es an einem Platz mit hoher Luftfeuchtigkeit. Wenn es regelmäßig, d. h. in den wärmsten Monaten mindestens einmal am Tag, besprüht wird, bleibt es gesund. Einmal wöchentlich im Becken wässern. Wenn möglich dafür Regenwasser oder gefiltertes Wasser verwenden.

**NÄHRSTOFFE** In den Frühlings- und Sommermonaten ein wenig Orchideendünger in die Sprühflasche geben, um die Blüte anzuregen.

**VERMEHRUNG** Diese Sorte vermehrt sich unter optimalen Lebensbedingungen selbst und bildet dabei viele Ableger, insbesondere wenn sie in den Sommermonaten in kleine Bündel aufgeteilt wird.

---

**AUF AUSTROCKNUNG ACHTEN** | *Wenn Sie unsicher sind, wie oft das Spanische Moos gewässert werden muss, sollten Sie sich die Farbe genauer anschauen: Ist die Pflanze zu trocken, erscheint sie silbrig und hellgrün. Sobald sie genug Wasser bekommt, wird sie wieder dunkelgrün.*

# HIMMELI

Die Bezeichnung für das Hängegebilde leitet sich vom schwedischen Wort „himmel" ab. Von dort, aus den ländlichen Gebieten des Landes im hohen Norden, stammen diese Himmelis, und früher feierte man mit ihnen den Beginn der Wintersonnenwende. Aus dem Roggenstroh der Vorjahresernte bastelte man Mobiles, die in den Häusern als Glücksbringer für die Zukunft aufgehängt wurden.

Zu Beginn fertigten wir die Mobiles als Aufhängevorrichtung für unsere liebsten Luftpflanzen. Die geometrischen Formen boten uns eine gute Möglichkeit, einen begrenzten Raum optimal zu nutzen. Als wir das Stroh auf verschiedene Längen zuschnitten und mit Draht verbanden, merkten wir, dass man damit unendlich viel experimentieren kann. Ein simples Himmeli kann man an einen Deckenhaken hängen oder dekorativ auf eine Oberfläche legen. Das Stroh lässt sich am besten mit einem dünnen Draht verbinden, der ja sehr fest ist, aber mit Nadel und Faden geht es genauso gut.

Wenn Sie ein paar von diesen einfachen Rauten hergestellt haben, können Sie später kompliziertere Mobiles gestalten. Wir empfehlen, zunächst mit einer flachen Grundform wie einem Quadrat oder einem Sechseck zu beginnen und dann weitere Strohhalme oben und unten an den Verbindungsstellen anzusetzen, sodass nach und nach ein individuelles dreidimensionales Gebilde entsteht.

Zum Wässern der Luftpflanze nimmt man sie aus dem Himmeli und besprüht sie oder wässert sie im Becken mit zimmertemperiertem Wasser. Danach überschüssiges Wasser abschütteln, die Pflanze trocknen lassen und sie wieder in das Himmeli setzen.

## WERKZEUGE UND MATERIALIEN

**DRAHT ODER FADEN (1½ METER)**
**PAPIERSTROHHALME**
**MASSBAND**
**SCHERE**
**LUFTPFLANZEN**

### 01

Etwa anderthalb Meter Draht abmessen und auf die entsprechende Länge zuschneiden. Sie brauchen vier Strohhalme von ca. sieben Zentimeter Länge und acht Strohhalme von ca. zehn Zentimeter Länge. Kleine Abweichungen der Länge sind nicht schlimm, doch kann dadurch das Ergebnis ein bisschen schief aussehen.

### 02

Die vier sieben Zentimeter langen Halme mit dem Draht auffädeln, an den Ecken einknicken und zu einem Quadrat formen. Die Drahtenden zusammenknoten. Das Quadrat auf eine flache Oberfläche legen und den nächsten Schritt durchführen.

### 03

Beginnend an einer Seite des Quadrats zwei der zehn Zentimeter langen Halme auf den Draht ziehen. Darauf achten, dass der Draht straff ist. Das Ende des zweiten Halms an die nächste Ecke des Quadrats knüpfen, sodass ein dreieckiger Flügel entsteht. Den Draht zur anderen Seite des Quadrates durch den Halm führen. Gleichen Arbeitsschritt an der gegenüberliegenden Seite des Quadrates wiederholen.

### 04

Die beiden dreieckigen Flügel an der Spitze zusammenführen und die beiden Drähte spiralförmig verdrehen.

### 05

Den Draht wieder durch einen der Halme zurück zu einer Ecke des Quadrats führen und die Steps 03 und 04 mit den restlichen vier zehn Zentimeter langen Strohhalmen wiederholen.

### 06

Mit dem restlichen Drahtende das Himmeli am gewünschten Ort aufhängen. Wenn Sie das Himmeli als Pflanzenhalter verwenden, daran denken, dass Luftpflanzen helles, indirektes Licht benötigen.

**SOBALD MAN DIE TECHNIK EINMAL BEHERRSCHT, KANN MAN DIVERSE MATERIALIEN VERWENDEN, WIE KUPFER-, MESSING- ODER ANDERE METALLRÖHRCHEN. JE LEICHTER DAS EINGESETZTE MATERIAL IST, DESTO AUSGEFALLENER KANN DAS MOBILE WERDEN.**

# INDEX

**Fettgedruckte** Seitenzahlen beziehen sich auf die einzelnen Kapitel.

## A

Ableger **114–18**
*Adiantum raddianum*
    (Dreieckiger Frauenhaarfarn)
    68
*Aechmea fasciata* (Lanzenrosette)
    **192–3**
Affenschaukel *siehe*
    *Sedum morganianum*
Affenschwanz *siehe*
    *Hildewintera colademononis/*
    *Cleistocactus colademononis*
Agaven 29, 114
Akklimatisierung 27
Aloen 157
alternde Kakteen und
    Sukkulenten 41
Arbeitsplatz **162–7**
Areolen 29
*Asparagus setaceus* (Zierspargel)
    124, **128–9**
*Aspidistra elatior* (Schusterpalme)
    57, 111, 124, **130–1**
Aufsitzer 29, 45
Avocado **120–2**

## B

Badezimmer 124
Bananenpflanze 114
Bauernkaktus **114–18**
Beinwell-Dünger 96
Belmore-Kentiapalme *siehe*
    *Howea belmoreana*
besprühen 62
    Luftpflanzen 51
blasse Blätter: Kakteen und
    Sukkulenten 41
Blätter abwerfen
    Kakteen und Sukkulenten 39
    Luftpflanzen 54

Blattpflanzen 57
Blattstecklinge 102
Blüte
    Kakteen und Sukkulenten 30
    Luftpflanzen 46
Bogenhanf *siehe*
    *Sansevieria trifasciata*
Brasilianischer Sauerklee *siehe*
    *Oxalis triangularis*
braune, abfallende Blätter:
    tropische Pflanzen 62
braune, weiche Stellen auf Blättern
    Kakteen und Sukkulenten 41
    Luftpflanzen 54
Brennnesseldünger 36, 91, **95–7**
Bromelien *siehe* Luftpflanzen
Bulbosa *siehe* Tillandsia bulbosa
Butzii 46, 51, 173

## C

Caput-medusae *siehe*
    *Tillandsia caput-medusae*
*Cephalocereus senilis*
    (Greisenhaupt) **198–9**
Chicorée-Dünger 96
Chinesischer Geldbaum *siehe*
    *Pilea peperomioides*
*Cleistocactus colademononis*
    (Affenschwanz) **190–1**
*Crassula ovata* (Geldbaum)
    29, 102, **152–3**
    Kopfstecklinge 106
    Teilung **110–13**

## D

Drachenbaum 106
Dreieckiger Frauenhaarfarn *siehe*
    *Adiantum raddianum*
Dreieckiger Glücksklee *siehe*
    *Oxalis triangularis*
Dünger
    Brennnessel 36, 91, **95–7**
    flüssig 88
    vor der Vermehrung 101

dürre Stängel: Kakteen und
    Sukkulenten 41

## E

*Echeverien* **102–5**, 157
    *E. setosa* **154–5**
Ecken, Pflanzen für **138–47**
Efeutute *siehe*
    *Epipremnum aureum*
eingerollte Blätter:
    Luftpflanzen 54
Eingehüllte Kanonierpflanze
    *siehe Pilea involucrata*
Eisenpflanze *siehe*
    *Aspidistra elatior*
*Epiphyllum anguliger*
    (Sägeblattkaktus) **184–5**
*Epipremnum aureum*
    (Efeutute) 106, 124, **126–7**
Erbsenpflanze *siehe*
    *Senecio rowleyanus*
Erdbeerblattdünger 96
Euphorbia 106, 157

## F

Fäulnis
    Kakteen und Sukkulenten 41
    Luftpflanzen 54
    tropische Pflanzen 62
Farne 111
    Vermehrung 101
Farnkrautdünger 96
Federspargel *siehe*
    *Asparagus setaceus*
Fensterblatt *siehe*
    *Monstera deliciosa*
Fensterpflanzen **124–33**
Fetthenne *siehe*
    *Sedum morganianum*
Fetthennen 29, 102
    Blattabwurf 39
    *Sedum morganianum*
    (Schlangen-Fetthenne) **196–7**
    Vermehrung 101

*Ficus*
    *F. elastica* (Gummibaum)
    57, **142–3**, 162
    *F. lyrata* (Geigenfeige) **164–5**
Fischgrätenkaktus *siehe*
    *Epiphyllum anguliger*

## G

gelbe Blätter
    Kakteen und Sukkulenten
    39, 41
    tropische Pflanzen 62
Gefäße für Terrarien 67
Geigenfeige *siehe Ficus lyrata*
Geldbaum *siehe Crassula ovata*
Gießfrequenz 22
    Kakteen und Sukkulenten
    35, 39, 41
    Luftpflanzen 51
    Selbstbewässerungssysteme 76
    Terrarien 70
    tropische Pflanzen 62
Glossar 21
Glücksfeder *siehe*
    *Zamioculcas zamiifolia*
Glückstaler *siehe*
    *Pilea peperomioides*
Goldranke *siehe*
    *Epipremnum aureum*
Greisenhaupt *siehe*
    *Cephalocereus senilis*
Gummibaum *siehe Ficus elastica*

## H

Haworthie 157
helle Plätze, Pflanzen für **150–5**
*Hildewintera colademononis*
    (Affenschwanz) **190–1**
Himmeli **210–17**
*Howea belmoreana*
    (Belmore-Kentiapalme) **140–1**
*Hypoestes phyllostachya*
    (Punktblatt) 68

## I

Insektizide 39

## K

Kaffeepflanze 106
Kakteen **29–43**
    Ableger 114
    arrangieren 150
    Blüte 30
    Gießfrequenz 35
    Krankheiten 39–41
    Lichtverhältnisse 30
    Luftfeuchtigkeitsverhältnisse 30
    Pflanzerde 88, 91
    Rückschnitt und Pflege 36
    Schädlinge 39
    Temperaturverhältnisse 30
    Umtopfen 41, 84
    Vermehrung 99
    verpacken 27
    Wüste 29, 157
    Wald 29
    *siehe auch botanische*
    *Bezeichnungen*
Kanonierblumen
    Blattstecklinge 102
    Kopfstecklinge **106–9**
    *Pilea cadierei* (Vietnamesische
    Kanonierblume) 68
    *Pilea involucrata* (Eingehüllte
    Kanonierblume) 68
    *Pilea peperomioides*
    (Chinesischer Geldbaum)
    **132–3**
Kartonpapier-Palme *siehe*
    *Zamioculcas zamiifolia*
Kentiapalme *siehe*
    *Howea belmoreana*
Kinder, Pflanzen für **194–9**
Klee-Dünger 96
Köstliches Fensterblatt *siehe*
    *Monstera deliciosa*
Kokosfasern 88
Kokos- und Betontopf **79–83**
Kopfstecklinge **106–9**

Korbmarante 111
Krankheiten
    Kakteen und Sukkulenten
    39–41
    tropische Pflanzen 62
Kriech-Steinbrech *siehe*
    *Saxifraga stolonifera*
Kunststofftöpfe 75

## L

Lanzenrosette *siehe*
    *Aechmea fasciata*
Lichtverhältnisse 22
    Kakteen und Sukkulenten 30
    Luftpflanzen 46
    tropische Pflanzen 58
Lithops 29, 157
Louisianamoos *siehe*
    *Tillandsia usneoides*
Luftfeuchtigkeitsverhältnisse
    Kakteen und Sukkulenten 30
    Luftpflanzen 46
    tropische Pflanzen 58
Luftpflanzen **45–55**
    Ableger 114
    Blüte 46
    für Wandbehänge **168–77**
    Gießfrequenz 51
    Lichtverhältnisse 46
    Luftfeuchtigkeitsverhältnisse
    46
    Rückschnitt und Pflege 54
    Temperaturverhältnisse 46
    Vermehrung 101
Luftreinigung durch tropische
    Pflanzen 57
Lychee 120

## M

Makramee-Pflanzenampel **134–7**
Mango 120
Metzgerpalme *siehe*
    *Aspidistra elatior*

Missionarspflanze siehe
*Pilea peperomioides*
*Monstera deliciosa* (Fensterblatt)
106, **146–7**, 162

## N

Nährstoffzugabe
Kakteen und Sukkulenten 36
Luftpflanzen 54
tropische Pflanzen 62

## O

Oaxacana *siehe*
*Tillandsia oaxacana*
Oberflächendüngung 84
*Oxalis triangularis* 111, **144–5**

## P

Palmen 114, 162
Belmore-Kentiapalme *siehe*
*Howea belmoreana*
Kentiapalme *siehe*
*Howea belmoreana*
Pellefarn *siehe Pellaea rotundifolia*
*Pellaea rotundifolia* (Pellefarn) 68
Pfennigbaum *siehe Crassula ovata*
Pflanzenampel **134–7**
Pflanzen arrangieren 22
Pflanzen drehen 30
Pflanzen einpacken 27
Pflanzen kaufen **27**
Pflanzen verbreiten **98-121**
Pflanzgefäß für
Wüstenlandschaften **156–61**
Pflanzsubstrate 88
Pflanztaschen 76

Pflanztöpfe 75–7
für Wüstenlandschaften 157
pflegeleichte Pflanzen **178–85**
Philodendron 57, 127
*Pilea* (Kanonierblumen)
Blattstecklinge 102
Kopfstecklinge **106–9**
*P. cadierei* (Vietnamesische
Kanonierblume) 68
*P. involucrata* (Eingehüllte
Kanonierblume) 68
*P. peperomioides* (Chinesischer
Geldbaum) **132–3**
Plätze für Wandbehänge **168–77**
Probleme mit Blättern
Kakteen und Sukkulenten
39–41
Luftpflanzen 54
tropische Pflanzen 62
Punktblatt *siehe*
*Hypoestes phyllostachya*

## R

Regenwasser 35, 51
Reinigung
Kakteen und Sukkulenten 36
Töpfe 76
tropische Pflanzen 62
Reinigungspinsel 36
Rezepte für Substratmischungen
**91**
Rhipsalis 30
Rückschnitt
Kakteen und Sukkulenten 36
Luftpflanzen 54
tropische Pflanzen 62
Ruhephase bei tropischen
Pflanzen 58

## S

Saatgutvermehrung 101, **120–2**
Kakteen 99
Sägeblattkaktus *siehe*
*Epiphyllum anguliger*
*Sansevieria trifasciata*
(Bogenhanf) 102, 111, **182–3**
*Saxifraga stolonifera*
(Kriech-Steinbrech) 68
Schädlinge: Kakteen und
Sukkulenten 39
Schlafzimmer 124
Schlangen-Fetthenne *siehe*
*Sedum morganianum*
Schusterpalme *siehe*
*Aspidistra elatior*
Schwiegermutterzunge *siehe*
*Sansevieria trifasciata*
*Sedum morganianum*
(Schlangen-Fetthenne) **196–7**
Selbstbewässerungssysteme 76
*Senecio rowleyanus*
(Erbsenpflanze) **166–7**
skurrile Pflanzen **188–93**
Spanisches Moos *siehe*
*Tillandsia usneoides*
Stecklinge 27
Blatt **102–5**
Kopf **106–9**
Sukkulenten **29–43**
arrangieren 150
Blüte 30
Blattstecklinge 102–5
Erde 91
Gießfrequenz 35
Krankheiten 39–41
Lichtverhältnisse 30
Luftfeuchtigkeitsverhältnisse 30
Rückschnitt und Pflege 36

Schädlinge 39
Stecklinge 106
Teilung 111
Temperaturbedingungen 30
Umtopfen 41, 84
Vermehrung 101
Wüste 157

## T

Teilung **110–13**
Temperaturbedingungen
    Kakteen und Sukkulenten 30
    Luftpflanzen 46
    tropische Pflanzen 58
Terrakotta, unglasiert 75
Terrarium für tropische Pflanzen
    **67–71**
*Tillandsia* 45
    *T. bulbosa* 51, **172–3**
    *T. caput-medusae* **170–1**
    *T. ionantha* 46, 51
    *T. oaxacana* 51, **204–5**
    *T. usneoides*
    (Spanisches Moos) 51, **206–7**
    *T. xerographica* 46, 51, **202–3**
Tongapflanze *siehe*
    *Epipremnum aureum*
Torfmoos 88
trockene, braune und verwelkte
    Blätter bei Luftpflanzen 54
trockene, dunkle Stellen:
    Kakteen und Sukkulenten 41
tropische Pflanzen **57–71**
    Akklimatisierung 27
    Arrangieren 124
    Blattstecklinge 102
    Erde 91
    Gießfrequenz 62

Krankheiten 62
Lichtverhältnisse 58
Luftfeuchtigkeitsverhältnisse
58
Nährstoffe 62
Rückschnitt und Pflege 62
Temperaturbedingungen 58
Terrarium für **67–71**
Umtopfen 84

## U

Übertöpfe 76
Umtopfen **84–93**
    Kakteen und Sukkulenten 41
Urlaubsversorgung von
    tropischen Pflanzen 62

## V

Verbrennungen
    Kakteen und Sukkulenten 41
Verkümmern
    Kakteen und Sukkulenten 41
verkümmertes Wachstum
    Kakteen und Sukkulenten 41
Vermehrung **99–121**
Verwelken
    Kakteen und Sukkulenten 39
    tropische Pflanzen 62
Vietnamesische Kanonierblume
    *siehe Pilea cadierei*

## W

Wollläuse 39
Wüstenpflanzen *siehe* Kakteen;
    Sukkulenten
Wurzelschnitt bei Luftpflanzen 54

## X

Xerographica *siehe*
    *Tillandsia xerographica*

## Y

Yucca-Palme 111

## Z

Zamie *siehe*
    *Zamioculcas zamiifolia*
*Zamioculcas zamiifolia*
    (Glücksfeder) **180–1**
Zierspargel *siehe Asparagus*
    *setaceus* (Zierspargel)
Zitrus 106

# DANKSAGUNG

*An unsere Familien und unsere Eltern – Jane & Keith Ray und Fiona & Richard Langton –*
*für ihre Großzügigkeit, Geduld und die zuverlässige Unterstützung.*
*Und an Oma Ann für ihr Pflanzenhaus. Dieses Buch haben wir Dir gewidmet.*

An unsere Lektorin Zena Alkayat, die uns bei dem ganzen Entstehungsprozess des Buches unterstützt und ermutigt hat.

An die Fotografin Erika Raxworthy, die einen untrüglichen Blick für jedes noch so kleine Detail und dem Buch einen besonderen Zauber verliehen hat. Und deren Fotos den 32 zusätzlichen Seiten, um die wir das Buch in letzter Minute erweitert haben, den letzten Schliff gaben.

An Alicia Galer für die äußerst farbenfrohen und stimmigen Illustrationen von Haus und Pflanzen, und an Luke Fenech für sein Mitwirken an der künstlerischen Gestaltung, mit der er das Buch zum Leben erweckt hat.

An alle unsere großartigen Freunde, die sich zum Teil direkt am Buch beteiligt haben. Besonderer Dank geht dabei an Caroline Wilkinson, Olivia Fox, Fiongal Greenlaw, Kezia Regan und Petor Georgallou.

An alle, die uns bei der Recherche unterstützt haben: Mark und Amanda Smith von Key Essentials für wertvolle Hinweise zur Pflege von Luftpflanzen, sowie Bryan und Linda Goodey von dem wunderbaren „Cactus Land" bei „Southfeld Nurseries" für eine unvergessliche – und von Katzen beaufsichtigte – Lektion über die Botanik der Kakteen. Ein großer Dank auch an Gareth Hopcroft, Zierpflanzengärtner und Spezialist für Hydrokulturen, für seine Zeit und Großzügigkeit. Und dafür, dass wir seine Rezepte für Substrat verwenden dürfen. Und natürlich auch Dank an Laura Nicolson und Nancy Marten.

Bei der Herstellung des Buches hatten wir das große Glück, auch mit einer Gruppe von talentierten Designern zusammenarbeiten zu dürfen. Viele von ihnen kreierten speziell für das Buch entworfene Objekte für uns. Dank an Alex Devol von „Wooden & Woven", Luke Hope von „Hope in the Woods" und John Shorrock für die handgeschnitzten Deko- und Terrariumswerkzeuge. An William Edmonds und Charlotte McLeish für die Keramiken, und an Lora Avedian für die ausgefallenen Papierpflanzen.

An alle, die uns ihr Heim und ihre Arbeitsplätze zur Verfügung gestellt haben: Eva Coppens bei „Forest London" und Holly Wulff Petersen. Besonderer Dank geht an Benedicte Sartorio, die uns in ihrem Heim wertvolle Anregungen für ein tolles Wohnambiente mit Farben und kleinen Details gegeben hat.

Danke auch für die freundliche Leihgabe von Styling-Requisiten: Jack und Maya von „Rospo" and „M.i.h" für die Kleidung, „Bloomingville" für die Dekoration und „Grafa" für die wunderschönen Gartengeräte. An Hazel Stark, dafür, dass wir ihre Avocadopflanze stibitzen durften, die wir noch gar nicht zurückgegeben haben …

Frances Lincoln Limited
in der Verlagsgruppe Quarto Publishing Group UK
74–77 White Lion Street
London N1 9PF

Originaltitel: *House of Plants*
Copyright © Frances Lincoln Limited 2016
Texte © Caro Langton & Rose Ray
Fotos © Erika Raxworthy
Illustrationen © Alicia Galer
Design: Luke Fenech
Auftraggebender Redakteur: Zena Alkayat

1. Auflage
Originalausgabe by Frances Lincoln edition 2016

Copyright für die deutsche Ausgabe
© 2018 teNeues Media GmbH & Co. KG, Kempen.
Alle Rechte vorbehalten.

ISBN 978-3-96171-077-5

Druck und Bindung in China

Covergestaltung: Martin Graf (Creative Director)
Satz: Tatjana Obermann
Übersetzung: Deman Übersetzungen/Anne Siebertz
Lektorat und Korrektorat: Sabine Egetemeir,
Christina Reuter
Projektkoordination: Christina Reuter

teNeues Media GmbH & Co. KG
Am Selder 37, 47906 Kempen, Germany
Phone: +49-(0)2152-916-0
Fax: +49-(0)2152-916-111
e-mail: books@teneues.com

Press department: Andrea Rehn
Phone: +49-(0)2152-916-202
e-mail: arehn@teneues.com

Munich Office
Pilotystraße 4, 80538 Munich, Germany
Phone: +49-(0)89-443-8889-62
e-mail: bkellner@teneues.com

Berlin Office
Kohlfurter Straße 41–43, 10999 Berlin, Germany
Phone: +49-(0)30-4195-3526-23
e-mail: ajasper@teneues.com

teNeues Publishing Company
350 7th Avenue, Suite 301, New York, NY 10001, USA
Phone: +1-212-627-9090
Fax: +1-212-627-9511

teNeues Publishing UK Ltd.
12 Ferndene Road, London SE24 0AQ, UK
Phone: +44-(0)20-3542-8997

teNeues France S.A.R.L.
39, rue des Billets, 18250 Henrichemont, France
Phone: +33-(0)2-4826-9348
Fax: +33-(0)1-7072-3482

www.teneues.com

**teNeues Publishing Group**
Kempen
Berlin
London
Munich
New York
Paris

teNeues